# Informatik im Fokus

*Herausgeber:*
Prof. Dr. O. Günther
Prof. Dr. W. Karl
Prof. Dr. R. Lienhart
Prof. Dr. K. Zeppenfeld

# Informatik im Fokus

Weitere Titel der Reihe Informatik im Fokus:
http://www.springer.com/series/7871

Jan Friedrich · Ulrike Hammerschall ·
Marco Kuhrmann · Marc Sihling

# Das V-Modell® XT

## Für Projektleiter und
## QS-Verantwortliche
## kompakt und übersichtlich

2., überarbeitete und erweiterte Auflage

 Springer

Jan Friedrich
Marc Sihling
4Soft GmbH
Mittererstr. 3
80336 München
friedrich@4soft.de
sihling@4soft.de

Dr. Ulrike Hammerschall
Dr. Marco Kuhrmann
Technische Universität München
Fakultät für Informatik
Boltzmannstr. 3
85748 Garching
hammersc@in.tum.de
kuhrmann@in.tum.de

*Herausgeber:*

Prof. Dr. O. Günther
Humboldt Universität zu Berlin

Prof. Dr. R. Lienhart
Universität Augsburg

Prof. Dr.W. Karl
Universität Karlsruhe (TH)

Prof. Dr. K. Zeppenfeld
Hochschule Hamm-Lippstadt

ISSN 1865-4452                 e-ISSN 1865-4460
ISBN 978-3-642-01487-1         e-ISBN 978-3-642-01488-8
DOI 10.1007/978-3-642-01488-8
Springer Dordrecht Heidelberg London New York

Bibliografische Information der Deutschen Nationalbibliothek
Die Deutsche Nationalbibliothek verzeichnet diese Publikation in der Deutschen
Nationalbibliografie; detaillierte bibliografische Daten sind im Internet über
http://dnb.d-nb.de abrufbar.

Das V-Modell® XT ist urheberrechtlich geschützt, © Bundesrepublik Deutschland, 2004.
Alle Rechte vorbehalten. V-Modell® ist eine geschützte Marke der Bundesrepublik
Deutschland.

© Springer-Verlag Berlin Heidelberg 2008, 2009
Dieses Werk ist urheberrechtlich geschützt. Die dadurch begründeten Rechte, insbesondere die der
Übersetzung, des Nachdrucks, des Vortrags, der Entnahme von Abbildungen und Tabellen, der Funk-
sendung, der Mikroverfilmung oder der Vervielfältigung auf anderen Wegen und der Speicherung
in Datenverarbeitungsanlagen, bleiben, auch bei nur auszugsweiser Verwertung, vorbehalten. Eine Vervielfältigung dieses Werkes oder von Teilen dieses Werkes ist auch im Einzelfall nur in den Grenzen
der gesetzlichen Bestimmungen des Urheberrechtsgesetzes der Bundesrepublik Deutschland vom 9.
September 1965 in der jeweils geltenden Fassung zulässig. Sie ist grundsätzlich vergütungspflichtig.
Zuwiderhandlungen unterliegen den Strafbestimmungen des Urheberrechtsgesetzes.
Die Wiedergabe von Gebrauchsnamen, Handelsnamen, Warenbezeichnungen usw. in diesem Werk
berechtigt auch ohne besondere Kennzeichnung nicht zu der Annahme, dass solche Namen im Sinne
der Warenzeichen- und Markenschutz-Gesetzgebung als frei zu betrachten wären und daher von jeder-
mann benutzt werden dürften.

*Einbandentwurf:* KünkelLopka GmbH, Heidelberg

Springer is part of Springer Science+Business Media (www.springer.com)

## Vorwort

Der Standard V-Modell XT beschreibt die Verantwortlichkeiten, Abläufe und Ergebnisse in der Systementwicklung und eignet sich damit besonders als „Blaupause" für eine erfolgreiche Projektdurchführung. Eine derartige Referenz spielt ihre Vorteile aus, sobald IT-Projekte eine bestimmte Größenordnung erreichen oder die Projektbeteiligten – in der heutigen, globalisierten Wirtschaft üblich – räumlich und zeitlich voneinander getrennt arbeiten. Dieses Vorgehensmodell stellt die Zusammenarbeit auf ein solides Fundament, schafft eine klare Kommunikationsbasis für alle Beteiligten und bietet einen Leitfaden für den Projektalltag.

In Fortentwicklung des V-Modells 97 wurde das aktuelle V-Modell XT so flexibel gestaltet, dass eigene Vorgaben und Richtlinien einfach in das bestehende Rahmenwerk eingebettet werden können. So steht den Projektmitarbeitern in den bayerischen Behörden für die über 2.000 Fachanwendungen seit geraumer Zeit eine angepasste Version des Standards zur Verfügung, die an die Festlegungen der Zentralen IuK-Leitstelle in Bayern angepasst wurde und das Vorgehen bei der Entwicklung und Pflege beschreibt. Die enthaltenen Vorgaben und Hilfsmittel helfen in Umsetzung der bayerischen E-Government-Strategie die Entwicklungsprozesse zu konsolidieren, zu standardisieren und so mittelfristig die Projektdurchführung in den Behörden in Bayern effizienter zu gestalten. Dies gelingt umso besser, je stärker das Vor-

vi

gehensmodell von den Projektteams akzeptiert und „gelebt" wird. Ein einfacher Zugang der Entwickler zu den Inhalten des Vorgehensmodells ist hierfür von essenzieller Bedeutung.

Das vorliegende kompakte Lehrbuch deckt diesen Bedarf und ergänzt ideal die knapp 900 Seiten des offiziellen Nachschlagewerks. Das Buch wurde von den Autoren des V-Modell XT verfasst und schafft es, die oftmals durchaus komplexen Konzepte des Standards griffig und prägnant darzustellen.

Ich wünsche den Leserinnen und Lesern viel Freude beim Erlernen der Ideen des V-Modell XT und viel Erfolg beim Umsetzen des Gelernten im Projektalltag.

München,

*Prof. Dr. Manfred Mayer*
Referatsleiter „eGovernment"
Bayerische Staatskanzlei München
August 2008

## Vorwort zur 2. Auflage

Im Februar 2009 wurde die neue Version 1.3 des V-Modell XT veröffentlicht. Diese neue Version hat einige grundlegende Überarbeitungen erfahren, die speziell die werkzeugunterstützte Anpassung des V-Modells im Rahmen seiner organisationsspezifischen Einführung erleichtern. Damit wendet sich diese Version vorrangig an Prozessingenieure. Die Änderungen wirken sich jedoch zu einem gewissen Grad auch auf die Anwendung des V-Modells in Projekten aus. Höchste Zeit also die Neuerungen zusammenzufassen und kompakt aufzubereiten.

In dieser zweiten, überarbeiteten Auflage von „Das V-Modell XT" stellen wir nach bewährtem Muster die wesentlichen Konzepte des V-Modells unter Berücksichtigung der Neuerungen vor. Während sich die prinzipiellen Verfahren im Projektmanagement, in der Qualitätssicherung und in der Zusammenarbeit von Auftraggeber- und Auftragnehmerprojekten nicht geändert haben, unterstützt das neue V-Modell einen verbesserten Tailoringprozess zur projektspezifischen Anpassung. Insbesondere sind die Werkzeuge weiter gereift. So bietet der neue Projektassistent eine grafische Planungskomponente, die die Ableitung eines Projektplans erleichtert. Auch wurde die Auswahl möglicher Exportformate für Produktvorlagen erweitert und auch die Verwendung individueller Formatvorlagen wird unterstützt.

Auf die Änderungen und Neuerungen weisen wir wieder direkt im Text hin und geben Tipps und Hinweise zum

Umgang mit dem neuen V-Modell. Wir wünschen Ihnen
viel Spaß bei der Lektüre.

München,                          *Jan Friedrich, Ulrike Hammerschall*
                                    *Marco Kuhrmann, Marc Sihling*
                                                  Mai 2009

# Inhaltsverzeichnis

# 1 Das V-Modell XT

Vorgehensmodelle helfen, die Durchführung von Projekten zu verbessern, sie besser planbar und steuerbar zu machen. Dazu enthält ein Vorgehensmodell klare Strukturen und Vorgaben und beschreibt insbesondere,

- welche Ergebnisse zu erarbeiten sind,
- wie die Ergebnisse zu erstellen sind,
- wann die Ergebnisse fertig sein sollten und
- wer für ihre Erstellung verantwortlich ist.

Durch diese Vorgaben verbessern Vorgehensmodelle die Prozessqualität und damit mittelbar auch die Produktqualität. Sie bieten den Anwendern das Wissen der Profis – dazu viele Hinweise, beispielhafte und bewährte Vorgehensweisen sowie Vorlagen für Ergebnisse und Ergebnisstrukturen von Projekten.

Dieses Kapitel zeigt im Überblick die Konzepte des V-Modell XT und seine Vorzüge gegenüber anderen Vorgehensmodellen.

## 1.1 Einführung und Überblick

Die Bandbreite bei Vorgehensmodellen ist groß und reicht von allgemeinen Phasenmodellen, wie dem Wasserfallmodell oder dem Spiralmodell, über agile Methoden bis hin zu umfassenden Vorgehensmodellen, wie den verschiedenen Varianten des Unified Process. Jedes dieser Modelle hat seine Spezialitäten und Schwerpunkte. Das

J. Friedrich et al., *Das V-Modell*® *XT*, Informatik im Fokus, 2nd Edn.,
DOI 10.1007/978-3-642-01488-8_1, © Springer-Verlag Berlin Heidelberg 2009

*V-Modell XT* ist die aktuelle Version des deutschen Entwicklungsstandards für die Durchführung von IT-Vorhaben in der öffentlichen Verwaltung. Es ist aber nicht nur eine leicht überarbeitete Version des V-Modell 97 [5], sondern ein neu konzipiertes Vorgehensmodell, das nach modernen Konzepten entwickelt wurde. Wenn im Weiteren vom „V-Modell" die Rede ist, ist damit immer das V-Modell XT gemeint.

Das Ziel dieses Buchs ist es, einen schnellen und einfachen Einstieg in das V-Modell zu ermöglichen: mit Hintergrundinformationen, Tipps, Tricks und Beispielen aus der Praxis. Es ergänzt in dieser Hinsicht die offizielle Dokumentation, die hauptsächlich als Nachschlagewerk konzipiert und ausgestaltet ist. Projektleitern und QS-Verantwortlichen bietet dieses Buch einen schnellen Einstieg in die von ihnen verantworteten Managementprozesse – sie können sich hiermit ideal für allgemeine Schulungen sowie für die Zertifizierung „V-Modell XT Pro" vorbereiten. Andere Themen, wie etwa die Systementwicklung, werden allerdings nur am Rande behandelt.

## 1.2 Kernkonzepte

Die Kernkonzepte des V-Modell XT lassen sich bequem an zwei Händen abzählen. Wie andere Vorgehensmodelle auch, beschreibt der Standard die Abläufe im Verlauf eines Entwicklungsprojekts über *Produkte*, *Rollen* und *Aktivitäten*. Die Besonderheiten finden sich dagegen bei den *Vorgehensbausteinen*, die eine Modularisierung der Abläufe und eine flexible Zusammenstellung erlauben. In diesem Kapitel werden diese Konzepte im Überblick vorgestellt. Ziel ist es, *Konzepte* und *Ideen* zu vermitteln, die dem

V-Modell zugrunde liegen und für seine Anwendung von
Bedeutung sind.

---

Nur das Nötigste...

> Herausragende Kennzeichen des V-Modell XT sind seine *Anpass-
> barkeit* und *Flexibilität*. Das V-Modell XT wurde so konzipiert, dass
> es für unterschiedlichste Projektsituationen und Projektgrößen an-
> gewendet werden kann. Das Ziel ist es, soviel Dokumentation wie
> nötig, aber so wenig wie möglich zu erzeugen.

---

### 1.2.1 Produkte, Rollen, Aktivitäten

Durchführung und Ergebnisse eines Projekts werden mithilfe der Konzepte Produkt, Rolle und Aktivität beschrieben. Ein *Produkt* ist ein Ergebnis bzw. ein Zwischenergeb-
nis in einem Projekt. Produkte werden entweder erst im
Verlauf des Projekts erarbeitet oder sie wurden bereits erstellt und stehen dem Projekt zur Verfügung – es handelt sich in diesem Fall um *externe* Produkte. In den meisten Fällen begegnen den Projektmitarbeitern Produkte in
Form von *Dokumenten* (z. B. das Pflichtenheft oder ein
Protokoll) oder als *Systemelemente* (z. B. eine Software-
komponente, aber auch das System als solches).

*Rollen* beschreiben Verantwortlichkeiten und dazu notwendige Fähigkeiten eines Mitarbeiters im Projekt. Prinzipiell kann in einem Projekt eine Rolle von mehreren Personen ausgeübt werden (z. B. mehrere Prüfer). Eine Person kann auch mehrere Rollen innehaben (z. B. der Projektleiter ist gleichzeitig Entwickler). Es sind nur wenige
Regeln bei der Belegung von Rollen zu beachten. Dazu
gehört z. B., dass in einem Projekt Projektleiter und QS-
Verantwortlicher nicht ein und dieselbe Person sein sol-

len. Diese Regeln finden sich in den Abschnitten *Rollenbesetzung* bei der Beschreibung einer Rolle.

Eine *Aktivität* liefert eine Beschreibung, wie ein einzelnes Produkt zu erstellen ist. Zu jedem Produkt existiert genau eine Aktivität. Da externe Produkte außerhalb des Projekts erarbeitet werden, ist ihnen keine Aktivität zugeordnet. Aktivitäten sind die Überleitung in die Methodenlandschaft des Projekts bzw. des Unternehmens.

**Beispiel:** In der Dokumentation verweist z. B. das Produkt *Schätzung* auf die Aktivität *Schätzung durchführen*. In dieser Aktivität wird die Methode *Schätzmodelle* referenziert, in der eine Reihe unterschiedlicher Möglichkeiten aufgeführt sind, mit denen Schätzungen erarbeitet werden können.

Obwohl in der Dokumentation zum V-Modell XT stets von Produkten die Rede ist, sind eigentlich *Produkttypen* gemeint. Ein Produkttyp macht strukturelle und inhaltliche Vorgaben für ein *Produktexemplar*, also eine konkrete Ausprägung eines Produkttyps. Zu dem Produkttyp *Projektstatusbericht* wird es im Verlauf eines Projekts mehrere Produktexemplare geben, also beispielsweise das Dokument *2008-04-30-Statusbericht.pdf*.

---

Produkttypen und Produktexemplare – Eine Eselsbrücke...

Leser, die mit der Objektorientierung vertraut sind, können sich diese Beziehung auch als eine Instanziierung von Klassen vorstellen: Ein V-Modell-Produkt entspricht der Klasse, Projektprodukte sind Objekte und damit Instanzen eines V-Modell-Produkts.

---

### 1.2.2 Vorgehensbausteine

Das V-Modell XT kennt eine ganze Fülle an Produkten und Aktivitäten. Um hier nicht den Überblick zu verlie-

ren, helfen zwei Arten der Strukturierung: Zum Einen
werden Produkte und Aktivitäten, die thematisch ver-
wandt sind, in *Disziplinen* organisiert. So existiert z. B. eine Disziplin *Berichtswesen*, in der alle Arten von Berichten,
etwa Projektstatusberichte und Projektabschlussberichte,
sowie die dazugehörigen Aktivitäten (z. B. Projektstatusbericht erstellen) zusammengefasst werden.

Die zweite Struktur ergibt sich durch die Aufteilung der
Produkte und Aktivitäten auf einzelne Module, die soge-
nannten *Vorgehensbausteine*. Jeder Vorgehensbaustein repräsentiert einen bestimmten inhaltlichen Teilprozess im
Projekt und enthält alles zu seiner Beschreibung notwendige. So gibt es beispielsweise einen Vorgehensbaustein
für das Projektmanagement und einen anderen für die
Qualitätssicherung im Projekt. Anhand der Menge von
Vorgehensbausteinen entscheidet der Projektleiter zu Beginn des Projekts, welche Teilprozesse für sein Projekt relevant sind und welche nicht.

**Vorgehensbausteine am Beispiel.**   Eine wesentliche Aufgabe in vielen Projekten ist die Erfassung von Anforderungen. Anforderungen müssen erfasst und strukturiert
werden.

Das zentrale Produkt ist das Produkt *Anforderungen (Lastenheft)*. Dieses ist im Vorgehensbaustein *Anforderungsfestlegung* enthalten (Abb. 1.1), ebenso wie ein Produkt *Anforderungsbewertung*. Für diese Produkte sind jeweils Zu-
ständigkeiten hinterlegt. Um die Erstellung z. B. des Lastenhefts auch einplanen zu können, enthält der Vorgehensbaustein auch eine entsprechende Aktivität *Anforderungen festlegen*. In der Disziplin *Anforderungen und Ana-
lysen* finden sich alle Arten von Anforderungsdokumen-

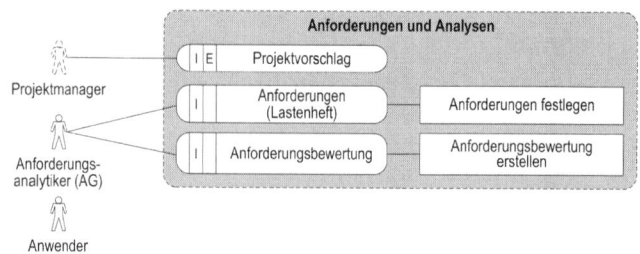

**Abb. 1.1:** Der Vorgehensbaustein Anforderungsfestlegung

ten und die zugehörigen Aktivitäten. In der V-Modell-Dokumentation sind die Produkte und Aktivitäten entsprechend ihrer Disziplinen gelistet. Im Vorgehensbaustein
sind verschiedene Verantwortlichkeiten definiert, die festlegen, welche der Rollen des V-Modells für die Erstellung
der Produkte zuständig ist, z. B. der *Anforderungsanalyti-
ker (AG)* für das Lastenheft.

**Hinweis:** Neu im V-Modell XT 1.3 ist, dass Rollen nicht mehr direkt im
Vorgehensbaustein definiert sind. Rollen sind nun außerhalb
von Vorgehensbausteinen definiert, während in den Vorgehensbausteinen nur noch die Verbindung zwischen Rollen
und Produkten definiert ist. Dies hat modelltechnische Grün-
de, jedoch keine Auswirkungen für den V-Modell-Anwender.

Nicht in jedem Projekt sind alle Vorgehensbausteine erforderlich. Vielmehr sollen zu Projektbeginn die Vorgehensbausteine ausgewählt werden, die tatsächlich gebraucht
werden. Dieser Schritt wird im V-Modell XT als projektspezifische Anpassung oder *Tailoring* bezeichnet (siehe
Kapitel 2.1). Bei der Auswahl hilft der Projektassistent,
der im Lieferumfang des V-Modells enthalten ist.

Abb. 1.2 gruppiert die Vorgehensbausteine nach inhaltlichen Gesichtspunkten. Die folgenden Abschnitte stellen

die Ziele und die wichtigsten Produkte dieser Vorgehensbausteine vor, um so einen Eindruck von den breit gefächerten Inhalten des V-Modells zu vermitteln.

**Hinweis:** Man darf nicht vergessen, dass es sich bei Vorgehensbausteinen um reine Strukturierungskonzepte handelt. Ihre Aufgabe ist die modulare Aufteilung des V-Modells nach inhaltlichen Gesichtspunkten. Vorgehensbausteine sind Arbeitsgegenstände für Prozessingenieure und finden Verwendung
im Tailoring. Im Gegensatz zu den Produkten und Aktivitäten, die sie enthalten, spielen sie für die Projektdurchführung
keine Rolle.

**Querschnittliche Aufgaben.** Das V-Modell XT kennt insgesamt sechs Vorgehensbausteine, die die Durchführung
querschnittlicher Aufgaben in Projekten beschreiben. Diese Vorgehensbausteine decken die Projektorganisation ab
und können prinzipiell in allen Projekten sinnvoll eingesetzt werden. Die in Abb. 1.2 grau eingefärbten Vorgehensbausteine spielen jedoch eine herausragende Rolle
im V-Modell; sie werden auch als der *V-Modell-Kern* bezeichnet. Dieser umfasst die Vorgehensbausteine

- Projektmanagement,
- Qualitätssicherung,
- Problem- und Änderungsmanagement sowie
- Konfigurationsmanagement.

Sie enthalten Produkte und Aktivitäten, die in jedem V-
Modell-Projekt bedacht werden müssen. Sie stellen sicher,
dass die Qualität der Projektdurchführung einen definierten Standard erreicht.

Der Vorgehensbaustein *Projektmanagement* deckt die Projektsteuerung und Projektplanung ab (siehe hierzu Kapitel 3). Der Vorgehensbaustein *Qualitätssicherung* modelliert einen umfassenden Qualitätssicherungsprozess für

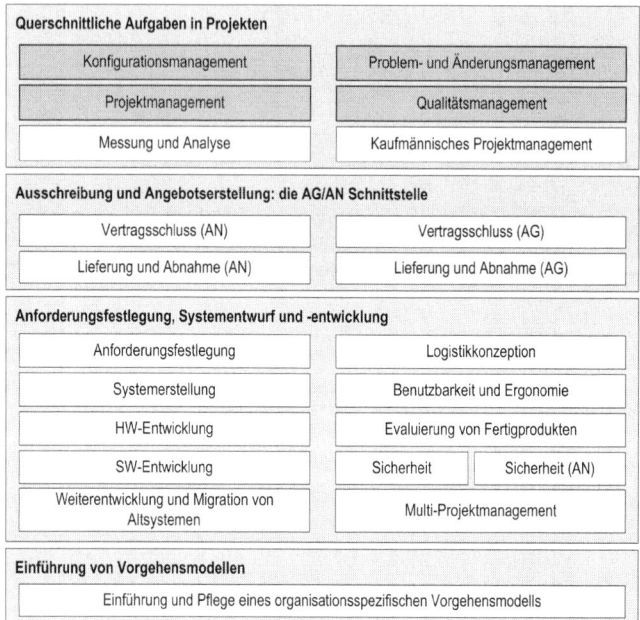

**Abb. 1.2:** Vorgehensbausteine im V-Modell

Projekte (siehe Kapitel 4). Die Vorgehensbausteine *Konfigurationsmanagement* (KM) sowie *Problem- und Änderungsmanagement* (PÄM) modellieren die gleichnamigen Teilprozesse. Das KM sieht die Erstellung und Pflege einer *Produktbibliothek* vor: Dabei handelt es sich um eine Ablage, in der alle erzielten Projektergebnisse verwaltet werden. Eine *Produktkonfiguration* kennzeichnet einen zusammengehörigen und konsistenten Arbeitsstand innerhalb der Produktbibliothek. Das PÄM befasst sich mit der Ver-

waltung von *Problem- und Änderungsanträgen*, wie sie z. B.
als Reaktion auf Anforderungsänderungen oder Fehlermeldungen in einem Projekt auftreten. Die Anträge werden erfasst, bewertet, beschieden und dokumentiert. Die
Verwaltung der Änderungsanträge findet im Produkt *Änderungsstatusliste* statt.

---

V-Modell XT vs. ITIL

> Das Konfigurationsmanagement des V-Modells darf nicht mit einem
> KM à la ITIL [6] verwechselt werden. Es adressiert und erfasst aus-
> schließlich die Ergebnisse eines einzelnen Projekts. Dasselbe gilt
> auch für das Problem- und Änderungsmanagement, das nicht mit
> dem Change Management von ITIL verwechselt werden darf. Prin-
> zipiell adressieren die Vorgaben des V-Modells die Entwicklungs-
> abschnitte im Lebenszyklus eines Systems, während ITIL die Be-
> triebsphasen als Ziel hat.

---

Als optionale Ergänzung zum V-Modell-Kern bietet das
V-Modell zwei weitere Vorgehensbausteine an: *Kaufmännisches Projektmanagement* und *Messung und Analyse*. Diese Vorgehensbausteine unterstützen ein über das übliche
Maß hinausgehendes, wirtschaftliches Projektcontrolling
sowie die Erfassung und Auswertung von Metriken zur
Messung und Bewertung des Projekterfolgs.

**Ausschreibung und Angebotserstellung.** Als Besonderheit unterstützt das V-Modell Vergabeprojekte. Das sind
Projekte, für deren Durchführung ein Vertrag zwischen
einem *Auftraggeber* und einem *Auftragnehmer* geschlossen wird. Bei einer Vergabe erstellt ein Auftraggeber eine
Ausschreibung und Auftragnehmer bieten darauf. Angebote werden vom Auftraggeber geprüft und einer der Anbieter erhält den Zuschlag. Das V-Modell regelt ebenfalls,

wie der Auftraggeber den Auftragnehmer im Projektverlauf begleitet und wie er das System abnimmt.

Im V-Modell XT wird diese Interaktion durch die Vorgehensbausteine *Lieferung und Abnahme* sowie *Vertragsschluss* modelliert. Die Vorgehensbausteine liegen je zweimal vor, einmal für den Auftraggeber und einmal für den
Auftragnehmer. Sie enthalten die jeweils für den Auftraggeber bzw. Auftragnehmer relevanten Produkte und Aktivitäten im Vergabeprozess. Auf Auftraggeberseite sind
dies z. B. die *Ausschreibung* und der *Vertrag*, die gemeinsam die rechtliche Seite einer Vergabe abdecken. Kapitel 5
geht ausführlich auf das Thema ein.

**Anforderungsfestlegung.**  Mit der Erfassung der Anforderungen beginnt im V-Modell XT die Entwicklung eines Systems. Sie ist die Grundlage für den Systementwurf
und die Systementwicklung. Der Standard unterscheidet
hier zwischen Entwicklungsprojekten, die im Rahmen einer Vergabe stattfinden, und intern durchgeführten Projekten ohne explizite Vertragsituation.

Bei Vergabeprojekten liegt die Verantwortung für die Erfassung der Anforderungen *ausschließlich* auf Seiten des
Auftraggebers. Der Vorgehensbaustein zur *Anforderungsfestlegung* mit seinem zentralen Produkt *Anforderungen
(Lastenheft)* ist daher obligatorisch für die Durchführung
eines Auftraggeberprojekts. Das Lastenheft dokumentiert
alle Anforderungen des Auftraggebers und ist Grundlage
der Ausschreibung und des Vertrags.

Für Projekte mit mehreren, gleichzeitig zu beauftragen-
den Auftragnehmern stellt der Vorgehensbaustein *Multiprojektmanagement* zusätzlich das Produkt *Lastenheft Ge-
samtprojekt* zur Verfügung, das die übergeordneten Anfor-

derungen der Teilprojekte zusammenfasst. Während der Auftraggeber für die Anforderungen zuständig ist, liegen Systementwurf und Systementwicklung in der Verantwortung des Auftragnehmers. Der Vorgehensbaustein *Systemerstellung* enthält hier als zentrales Produkt die *Gesamtsystemspezifikation (Pflichtenheft)*. Es stellt das direkte Gegenstück zum Lastenheft des Auftraggebers dar. Das Pflichtenheft ist die Basis des gesamten Entwicklungsprozesses.

Interne Entwicklungsprojekte unterscheiden sich lediglich hinsichtlich der Verantwortlichkeiten von Vergabeprojekten. Lastenheft und Pflichtenheft werden innerhalb des gleichen Projekts erstellt. Das Lastenheft dokumentiert die Anforderungen des Fachbereichs, das Pflichtenheft den ersten Entwurf der IT Abteilung.

**Systementwurf und -entwicklung.**   Der Entwurf und die Entwicklung von Systemen sind im V-Modell sehr komplex. Das V-Modell unterstützt einen komponentenorientierten Ansatz zur Systementwicklung. Danach wird ein System hierarchisch in Segmente, Einheiten, Komponenten und Module zerlegt, wobei ab Ebene der Einheiten jeweils zwischen Hardware (HW) und Software (SW) unterschieden wird.

Zentraler Vorgehensbaustein der Systementwicklung ist die *Systemerstellung*. Neben dem Pflichtenheft enthält der Vorgehensbaustein das Produkt *System*, das den finalen Ergebnistyp der Entwicklung repräsentiert. Eine *Systemarchitektur* beschreibt die Zerlegung des Systems in *Segmente* und *Einheiten*.

Die beiden Vorgehensbausteine *SW-Entwicklung* und *HW-Entwicklung* sind analog zum Vorgehensbaustein *System-*

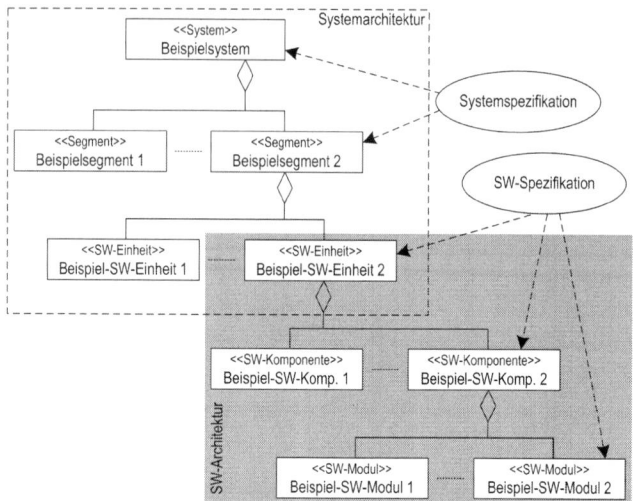

**Abb. 1.3:** Systemstruktur und Systemdokumentation

*erstellung* aufgebaut. Ihr Ziel ist jedoch die Entwicklung einer konkreten *SW-Einheit* bzw. *HW-Einheit*. Alle entwickelten Einheiten werden abschließend zum System integriert.

Grundlage für die Entwicklung der Einheiten ist jeweils eine *SW-Spezifikation* und *SW-Architektur* bzw. eine *HW-Spezifikation* und *HW-Architekur*. Die Architekturen beschreiben die Zerlegung der Einheiten in Komponenten und Module. Spezifikationen sind jeweils einem konkreten Systemelement zugeordnet und beschreiben dessen Schnittstelle. Abb. 1.3 stellt den Zusammenhang dar.

**Hinweis:** Nimmt man die reine Theorie, wäre für jedes in der Systemarchitektur identifizierte Systemelement eine Spezifikation zu erstellen, für das System selbst und jede identifizierte Hardware- und Softwareeinheit zusätzlich ein Architekturdokument. Ein solcher Aufwand ist jedoch nur für wenige Systeme notwendig. Eine Stärke des V-Modells ist, dass es eine weitgehende Anpassung des Dokumentationsumfangs unterstützt. Abschnitt 1.2.5 geht auf dieses Thema ausführlicher ein.

**Ergänzungen zur Systementwicklung.** Für Teilprozesse, die nicht für jedes Projekt und jedes System eine Rolle spielen, stellt das V-Modell die Inhalte weiterer Vorgehensbausteine zur Verfügung. Der Vorgehensbaustein *Benutzbarkeit und Ergonomie* beschäftigt sich mit dem Design von Benutzerschnittstellen aus ergonomischer und anwendungsspezifischer Sicht. Produkte im Vorgehensbaustein sind ein *Styleguide* für das Design der Benutzerschnittstelle sowie eine *Anwenderaufgabenanalyse*.

Der ergänzende Vorgehensbaustein *Evaluierung von Fertigprodukten* unterstützt Auswahl und Einkauf von Fertigprodukten, die in das System integriert werden sollen.

Mit Aspekten zur Sicherheit beschäftigen sich die Vorgehensbausteine *Sicherheit* und *Sicherheit (AN)*. Sie liefern unter anderem Produkte zur Risikoakzeptenz, Risikobewertung oder zum Datenschutz. Die Ergebnisse können sich direkt auf das Systemdesign auswirken.

Nicht immer handelt es sich bei einem Entwicklungsprojekt um eine reine Neuentwicklung. Für die Ablösung von Altsystemen steht der Vorgehensbaustein zur *Weiterentwicklung und Migration* zur Verfügung. Zentrale Produkte im Vorgehensbaustein sind eine *Altsystemanalyse* und ein *Migrationskonzept*.

### 1.2.3 Projektdurchführungsstrategien

Vorgehensbausteine beschreiben, welche Ergebnisse in einem Projekt zu erstellen sind und wer die Verantwortung für ihre Erstellung trägt. Sie machen jedoch keine Aussage darüber, *wann* ein Produktexemplar zu erstellen ist.

Dies ist Aufgabe der *Projektdurchführungsstrategien*. Eine Projektdurchführungsstrategie legt fest, in welcher Reihenfolge Meilensteine in einem Projekt zu erreichen sind und welche Ergebnisse, sprich Produkte, zu den jeweiligen Meilensteinen vorzulegen sind.

---

**Entscheidungspunkt vs. Meilenstein**

Das V-Modell verwendet statt *Meilenstein* den etwas umständlich klingenden Begriff *Entscheidungspunkt*. Diese Umbenennung war notwendig, um die Besonderheit von Entscheidungspunkten in den Vordergrund zu stellen.

Entscheidungspunkte sind Meilensteine mit einer speziellen Eigenschaft: Zu einem Entscheidungspunkt wird auf Basis des aktuellen Projektstatus darüber entschieden, ob das Projekt fortgeführt wird oder nicht.

Verantwortlich für die Entscheidung ist ein entscheidungsfähiges Gremium, üblicherweise der *Lenkungsausschuss* des Projekts. Die Grundlage der Entscheidung sind die Inhalte der zum Entscheidungspunkt vorzulegenden Produkte. Welche Produkte dies sind, ist im V-Modell explizit festgelegt.

Das Ergebnis der Entscheidung wird in der *Projektfortschrittsentscheidung* dokumentiert.

---

Das V-Modell definiert bereits Entscheidungspunkte, auf deren Basis alle Projektdurchführungsstrategien des Standards definiert sind. Jede Projektdurchführungsstrategie ist in ihrem Aufbau auf die Durchführung bestimmter Projekttypen ausgerichtet.

Jetzt neu: Projekttypvarianten...
Genau genommen gibt es für jeden Projekttyp verschiedene Varianten der Durchführung, die alle einem ähnlichem Ablauf folgen. In der Version 1.3 des V-Modells wurde daher die *Projekttypvariante* als neues Konzept eingeführt. Diese legt durch Vorgehensbausteine nicht nur den inhaltlichen Rahmen eines Projekts fest, sondern definiert durch Abaufbausteine auch, was gültige Abläufe sind. Auf dieser Basis kann für jede Projekttypvariante eine passende Projektdurchführungsstrategie individuell berechnet werden.

Die Projektdurchführungsstrategien für Projekte zur Systementwicklung enthalten z. B. die Entscheidungspunkte *System spezifiziert* und *System entworfen*, die den wesentlichen Aufgaben in einem Entwicklungsprojekt entsprechen. Für ein Auftraggeberprojekt machen sie keinen Sinn. Hier finden sich stattdessen die Entscheidungspunkte *Anforderungen festgelegt* und *Projekt beauftragt*, die zwei wesentliche Meilensteine in einem Vergabeprojekt darstellen.

Ein gewählter Weg durch die Entscheidungspunkte entspricht einem Projektdurchführungsplan bzw. dem Meilensteinplan. Die Projektdurchführungsstrategie ist somit eine Vorlage für mögliche Meilensteinplänen. Abb. 1.4 erklärt den Zusammenhang.

Die Projektdurchführungsstrategie (Abb. 1.4, oben) legt die Menge der Entscheidungspunkte und die erlaubten Durchlaufreihenfolgen fest. Die Menge aller aus dieser Projektdurchführungsstrategie ableitbaren Pläne ist festgelegt durch die Anzahl möglicher Durchläufe. Variationen ergeben sich an Verzweigungen. Eine Verzweigung tritt immer dann auf, wenn es zu einem Entscheidungspunkt mehrere mögliche Nachfolger gibt. Im Beispiel hat der Entscheidungspunkt *EP 6* zwei mögliche Nachfol-

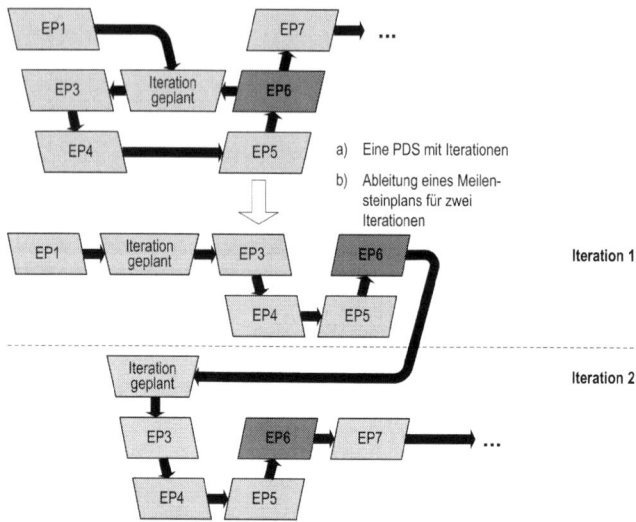

a) Eine PDS mit Iterationen

b) Ableitung eines Meilensteinplans für zwei
Iterationen

**Abb. 1.4:** Ableitung eines Meilensteinplans aus einer Projektdurchführungsstrategie

ger, die Entscheidungspunkte *Iteration geplant* und *EP 7*.
Der Meilensteinplan im unteren Bereich der Abbildung
stellt genau einen möglichen Durchlauf durch die Projektdurchführungsstrategie dar. Zu jeder Verzweigung in der
Projektdurchführungsstrategie wurde die Entscheidung
für genau einen Nachfolgeentscheidungspunkt getroffen.
So wurde im Beispiel für den Entscheidungspunkt *EP 6*
einmal der Entscheidungspunkt *Iteration geplant* als Nachfolger gewählt und so ein zweistufiger iterativer Ablauf
für das Projekt festgelegt. Die Entscheidung für den Entscheidungspunkt *EP 7* am Ende der zweiten Iteration legt
schließlich das Ende des Projekts fest.

Welche Projektdurchführungsstrategie für ein Projekt verwendet wird, ist abhängig vom jeweiligen Projektkontext und von den Randbedingungen des Projekts. Im Folgenden werden die im V-Modell definierten Projekttypvarianten und ihre möglichen Projektdurchführungsstrategien im Überblick vorgestellt.

**Für Auftraggeberprojekte.**    Für Auftraggeber, die Aufträge über Ausschreibungen vergeben möchten, bietet das V-Modell zwei Projekttypvarianten an: Die Projekttypvariante *Vergabe und Durchführung eines Systementwicklungsprojekts* unterstützt die Vergabe von einem Entwicklungsauftrag an genau einen Auftragnehmer.

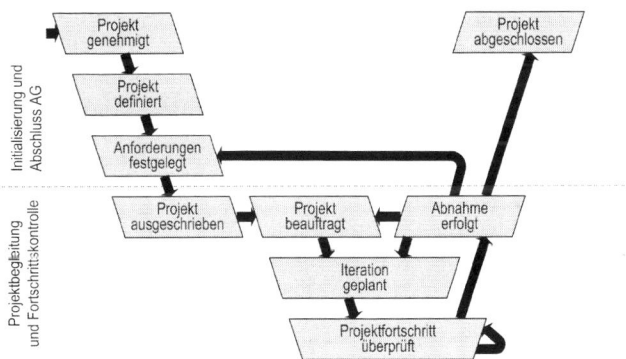

**Abb. 1.5:** Projektdurchführungsstrategie zu Vergabe und Durchführung eines Systementwicklungsprojekts

Bei der zweiten Projekttypvariante *Vergabe und Durchführung mehrerer Systementwicklungsprojekte* wird dagegen ein Entwicklungsauftrag auf mehrere Anbieter verteilt. Jeder

Anbieter erhält den Zuschlag für die Entwicklung eines
Teilsystems in einem eigenständigen Teilprojekt. Die Verantwortung für die Zusammenführung der Teilprojekte
trägt der Auftraggeber des Gesamtprojekts. Eines sollte
die Aufgabe haben, alle gelieferten Teilsysteme zu einem
Gesamtsystem zusammenzuführen.

Abb. 1.5 zeigt stellvertretend die Projektdurchführungs-
strategie eines Auftraggebers zur Vergabe eines System-
entwicklungsprojekts an einen Auftragnehmer, die durch
die entsprechende Projekttypvariante vorgegeben wird.
Jeder Entscheidungspunkt hat einen selbst erklärenden
Namen, der das Ende eines Projektabschnitts bzw. einer
Projektphase charakterisiert. Das V-Modell fordert z. B.,
dass zum Entscheidungspunkt *Projekt ausgeschrieben* die
*Ausschreibung* vorliegt, womit der Projektabschnitt der
Vorbereitung der Ausschreibung abgeschlossen wird. Es
wird entschieden, ob die Entwicklung auf Grundlage der
Anforderungen ausgeschrieben werden kann. Ergebnis
ist die Veröffentlichung der Ausschreibung.

Der Entscheidungspunkt *Projekt beauftragt* kennzeichnet
den Zeitpunkt im Projekt, zu dem der Vertrag mit einem Auftragnehmer geschlossen und die Entwicklung
des Systems beauftragt wurde. Zentrales Produkt dieses
Entscheidungspunkts ist dementsprechend der *Vertrag*.
Die folgenden Entscheidungspunkte der Strategie können in beliebig vielen Iterationen durchlaufen werden. Sie
kennzeichnen die Projektbegleitung aus Sicht des Auftraggebers.

Mit dem Entscheidungspunkt *Abnahme erfolgt* wurde das
System schließlich geliefert und vom Auftraggeber ab-
genommen. Ist keine weitere Iteration geplant, kann das
Projekt beendet werden.

**Für Auftragnehmerprojekte (Entwicklung).** Ein Projekt eines Auftragnehmers läuft immer parallel zu einem Auftraggeberprojekt. Im V-Modell stehen zwei Projekttypvarianten dafür zur Verfügung:

- Entwicklung, Weiterentwicklung oder Migration
- Wartung und Pflege

Die erste Projekttypvariante gestattet das Ableiten von Projektdurchführungsstrategien, die Entwicklungsabläufe, z. B. für inkrementelle oder prototypische Vorgehensweisen, erlauben. Die zweite Projekttypvariante enthält einen Ablaufrahmen, der für Wartungs- und Pflegeaufgaben zugeschnitten ist.

Angestoßen wird ein Entwicklungsprojekt auf der Auftragnehmerseite durch die Entscheidung, auf eine Ausschreibung zu bieten. Ausgehend von dieser Entscheidung verläuft der Projektbeginn identisch zu einem Auftraggeberprojekt. Das Projekt wird genehmigt und geplant. Hat der Auftragnehmer den Zuschlag erhalten, beginnt für ihn der eigentliche Entwicklungsprozess. Das V-Modell erlaubt die Durchführung des Projekts in Iterationen. Jede Iteration endet mit der Lieferung eines Teil-/Systems an den Auftraggeber und mit dessen Abnahme. Je nach Planung wird das Projekt in weiteren Iterationen fortgesetzt oder beendet (Abb. 1.6, oberer Teil). Das V-Modell unterstützt drei verschiedene Entwicklungsstrategien für das Durchlaufen einer Iteration. Jede der Strategien unterstützt ein spezifisches Paradigma.

Die *Inkrementelle Systementwicklung* (Abb. 1.6) modelliert einen Entwicklungsablauf, ausgehend vom Grobdesign des Systems über das Feindesign bis hin zu Entwicklung und Integration. Inkrementelle Systementwicklung entspricht einer sequenziellen Abfolge der Entwicklungstä-

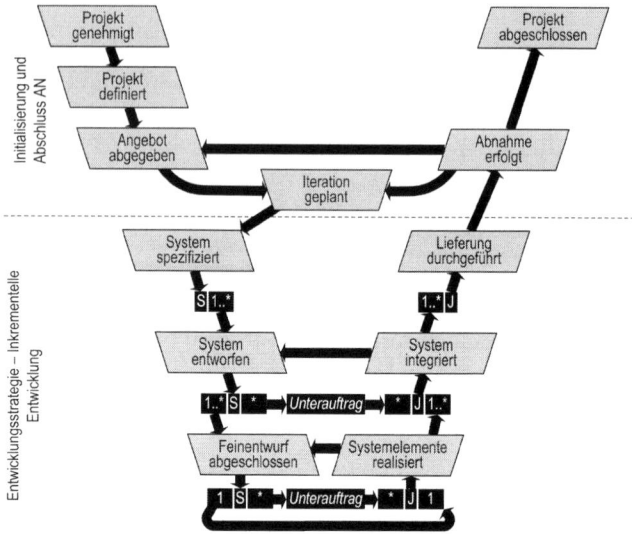

**Abb. 1.6:** Inkrementelle Systementwicklung (AN)

tigkeiten vom Systementwurf über die Implementierung
bis hin zur Abnahme. Diese können in mehreren Iterationen erbracht werden. Durch die Möglichkeit der Iterationen erlaubt die inkrementelle Strategie eine stufenwei-
se Entwicklung des Systems: Ausgehend von einer Teil-
menge der wichtigsten Anforderungen werden in jeder
Stufe (Iteration) weitere Anforderungen ausgewählt und
umgesetzt, bis alle Anforderungen berücksichtigt wurden
und das System fertiggestellt ist.

Die *Komponentenbasierte Entwicklung* (Abb. 1.7) modelliert
einen typischen Projektablauf für die Entwicklung von
Systemen, die aus wiederverwendbaren Komponenten

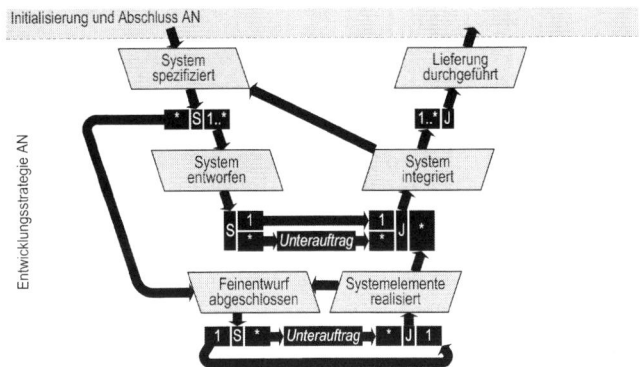

**Abb. 1.7:** Komponentenbasierte Systementwicklung (AN)

aufgebaut sind. Die Strategie lässt dem Projektleiter sehr viel Freiheit bei der zeitlichen Anordnung der Entscheidungspunkte. Es besteht auch die Möglichkeit, vollständig auf Entwicklungstätigkeiten zu verzichten und das gesamte System aus bestehenden Einheiten (z. B. COTS-Produkten) zusammenzubauen. Neben solchen reinen Integrationsprojekten können mit der komponentenbasierten Entwicklung aber auch wiederverwendbare Einheiten neu entwickelt werden: In diesem Fall werden Spezifikation und Architektur dieser wiederverwendbaren Einheiten *zuerst* fertiggestellt; erst *danach* richtet sich die Systemarchitektur an diesen Ergebnissen aus.

**Prototypisches Vorgehen.** Eine Umkehrung der Reihenfolge von Entwurfs- und Entwicklungstätigkeiten unterstützt die *Prototypische Systementwicklung* (Abb. 1.8). Ihr Ziel ist die Unterstützung von Projekten, in denen es auf-

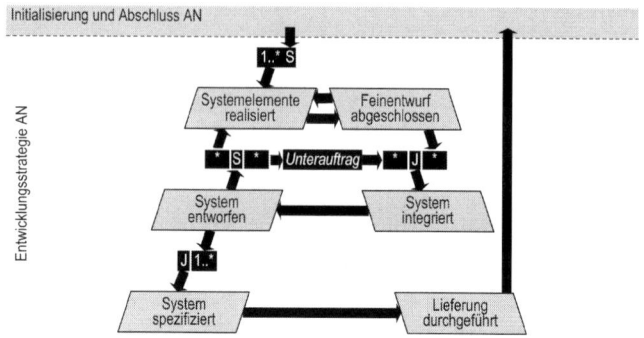

**Abb. 1.8:** Prototypische Systementwicklung (AN)

grund der Verwendung neuer, noch unbekannter Technologien, z. B. nicht ratsam ist, ohne Implementierungserfahrung einen tragfähigen Systementwurf zu erstellen. Ziel dieser Entwicklungsstrategie ist es daher, den Projekten Freiheiten bei der Entwicklung zu lassen und Entwicklungs- und Entwurfstätigkeiten je nach Bedarf abzuwechseln. Die Prototypische Systementwicklung ist eine Option, die im Tailoring (Abschnitt 2.1) hinzugewählt werden kann.

**Hinweis:** Ein Projektleiter, der im Rahmen des Tailorings seinen Meilensteinplan erstellt, hat die Möglichkeit, für jede geplante Iteration eine andere Variante der Systementwicklung zu wählen.

Beispielsweise kann es Sinn machen, innerhalb der ersten Iteration die Entwicklung eines Prototypen vorzusehen, um die technische Machbarkeit einer Systemidee zu verifizieren. Die geeignete Strategie hierfür wäre die Prototypische Systementwicklung. In einer weiteren Iteration wird dann das eigentliche System entsprechend der inkrementellen Systementwicklung entwickelt.

**Wartung und Pflege.**    Das V-Modell unterstützt nicht nur die Entwicklungsphasen. Bei der Projekttypvariante zur *Wartung und Pflege von Systemen* wird ein weiterer Entwicklungsablauf angeboten. Die Projektdurchführungsstrategie dieser Projekttypvariante entspricht im Wesentlichen der *Inkrementellen Systementwicklung*, erlaubt zusätzlich jedoch das Überspringen von Spezifikations- und Entwurfsaktivitäten innerhalb einer Iteration. Dies kann beispielsweise für kleinere Änderungen am Code sinnvoll sein, die im Rahmen von Wartungsarbeiten notwendig sind und sich nicht auf die Entwurfsdokumentation zum System auswirken.

**Die AG/AN-Schnittstelle.**    Als AG/AN-Schnittstelle werden die Entscheidungspunkte und Produkte bezeichnet, die gemeinsam die Schnittstelle zwischen einem Auftraggeber- und einem Auftragnehmerprojekt darstellen. Die Entscheidungspunkte der Schnittstelle stellen Synchronisationspunkte für die Projekte dar und sind nahtlos in die Projektdurchführungsstrategien auf Auftraggeber- und Auftragnehmerseite integriert.

Zu den einzelnen Entscheidungspunkten der Schnittstelle fließen jeweils Produkte vom Auftraggeber zum Auftragnehmer und umgekehrt. Die Produkte stoßen dabei die Fortführung des Partnerprojekts an. Entscheidungspunkte und Produkte der AG/AN-Schnittstelle geben so gemeinsam eine zeitliche Synchronisation der Projekte vor. Die Produkte, die an der Schnittstelle ausgetauscht werden, sind in den Vorgehensbausteinen *Vertragsschluss* sowie *Lieferung und Abnahme* enthalten, jeweils für die Auftraggeber- und die Auftragnehmerseite. Abb. 1.9 zeigt die Entscheidungspunkte und Produkte, aus denen die

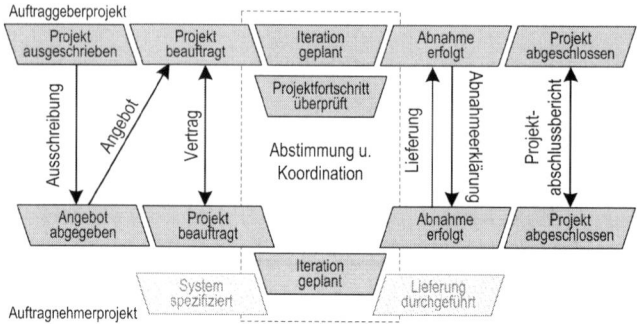

**Abb. 1.9:** Die Auftraggeber/Auftragnehmerschnittstelle

AG/AN-Schnittstelle besteht. Wie die AG/AN-Schnitt-
stelle in der Projektpraxis umgesetzt werden kann, wird
in Kapitel 5 gezeigt.

**Für AG/AN-Projekte (Entwicklung).**   Das V-Modell unterstützt seit Version 1.2 neben der Systementwicklung in
der Rolle eines Auftragnehmers Projekte, die ohne Vertrag durchgeführt werden. Der entsprechende Projekttyp wird im V-Modell mit dem Namen *Systementwicklungsprojekt (AG/AN)* bezeichnet. Er verfügt über diesel-
ben zwei Projekttypvarianten, wie das Auftragnehmerprojekt, also Entwicklung sowie Wartung. Sie enthalten
sowohl Anteile der Auftraggeber- als auch der Auftrag-
nehmerentwicklungsstrategien. Abb. 1.10 zeigt beispielhaft die Strategie für die inkrementelle Systementwicklung (AG/AN).

Wie in der Abbildung zu sehen ist, entfällt der gesamte
Bereich der Ausschreibung und Vertragsgestaltung. Von
den Auftraggeberstrategien wurde dagegen der Entschei-

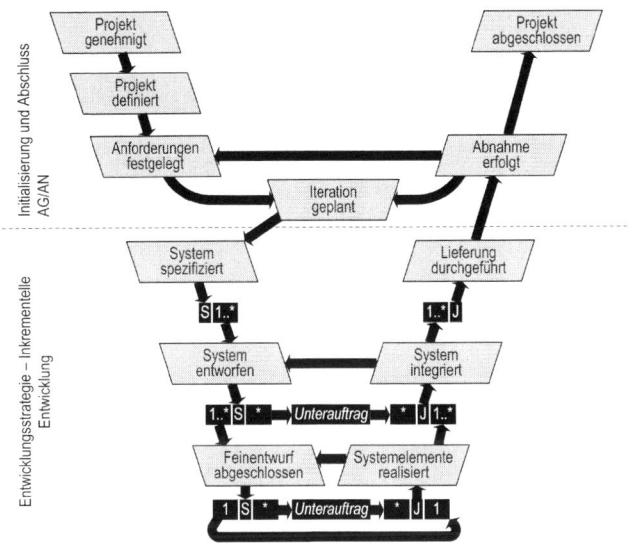

**Abb. 1.10:** Inkrementelle Systementwicklung (AG/AN)

dungspunkt zur Anforderungserstellung übernommen. Da die Entwicklungsanteile in den Strategien sich sonst nicht von denen der Auftragnehmer unterschieden, wird hier nicht weiter darauf eingegangen.

**Unteraufträge.** Alle Projekttypvarianten zur Systementwicklung unterstützten die Vergabe von Unteraufträgen im Rahmen eines Entwicklungsprojekts. Bei einem Unterauftrag wird ein Teil des zu entwickelnden Systems an einen Unterauftragnehmer vergeben. Der Auftragnehmer nimmt für die Dauer des Unterauftrags dem Unterauftragnehmer gegenüber die Rolle des Auftraggebers ein.

Die Schnittstelle zwischen einem Auftragnehmerprojekt und einem Unterauftragnehmerprojekt entspricht der gerade vorgestellten AG/AN-Schnittstelle. Über eine Ausschreibung holt in diesem Fall der Auftragnehmer Angebote möglicher Unterauftragnehmer ein. Projektbegleitung und Abnahme erfolgen analog zum Verfahren zwischen Auftraggeberprojekt und Auftragnehmerprojekt.

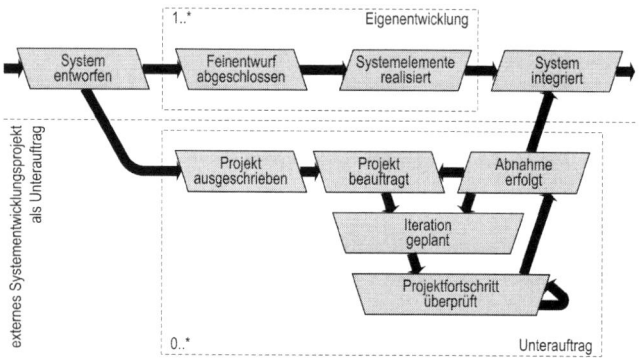

**Abb. 1.11:** Die Schnittstelle zum Unterauftragnehmer

Abb. 1.11 zeigt die Integration eines Unterauftrags. Ein Unterauftrag startet im V-Modell hier nach Durchlaufen des Entscheidungspunktes *System entworfen*. Zu diesem Entscheidungspunkt ist der Systementwurf soweit ausgearbeitet, dass die Anforderungen an die vom Unterauftragnehmer zu entwickelnden Teile (in V-Modell-Terminologie *Externe Einheiten*) genau spezifiziert werden können. Der Unterauftragnehmer entwickelt auf Basis der Spezifikation die entsprechende Externe Einheit und liefert sie an den Auftragnehmer. Die Einheit wird geprüft und in das System integriert.

### 1.2.4 Projekttypen und Tailoring

Ein Projekttyp fasst eine Auswahl von Vorgehensbausteinen und Projekttypvarianten zusammen, die gemeinsam
ein (kleineres) projektspezifisches Vorgehensmodell bilden. Dieses ist speziell für die Durchführung eines bestimmten Typs von Projekten geeignet. Die Vorgehensbausteine bilden den inhaltlichen Rahmen. Die Projekttypvarianten stellen notwendigen Ablaufbaustein bereit,
um Projektdurchführungsstrategien herzuleiten. Aktuell
unterstützt das V-Modell vier Projekttypen, die jeweils
die Vorlage für eine bestimmte Klasse von Projekten darstellen. Diese sind:

- Systementwicklungsprojekt (AG)
- Systementwicklungsprojekt (AN)
- Systementwicklungsprojekt (AG/AN)
- Einführung und Pflege eines organisationsspezifi-
  schen Vorgehensmodells (ORG)

Der Projekttyp *Systementwicklungsprojekt (AG)* enthält die
zwei Projekttypvarianten, die Projekte zur Vergabe von
Entwicklungsaufträgen von einem Auftraggeber (AG) an
einen oder mehrere Auftragnehmer (AN) unterstützten.
Der Projekttyp *Systementwicklungsprojekt (AN)* entspricht
dem Gegenstück zum *Systementwicklungsprojekt (AG)*. Er
enthält zwei Projektypvarianten: Eine für die Neu- oder
Weiterentwicklung eines beauftragten Systems und eine
für die Wartung. Der Projekttyp *Systementwicklungsprojekt (AG/AN)* unterstützt die Durchführung von Entwicklungsprojekten analog zum „reinen" Auftragnehmer, jedoch ohne eine explizite Vertragssituation zwischen Auftraggeber und Auftragnehmer. Der Projekttyp *Einführung
und Pflege eines organisationsspezifischen Vorgehensmodells
(ORG)* besitzt nur eine Projekttypvariante und unterstützt

Projekte zur Einführung eines Vorgehensmodells in einer Organisation, beispielsweise des V-Modells selbst.

Projekttypen sind vor allem für die projektspezifische Anpassung im Rahmen der Initialisierung eines Projekts relevant. Zu Beginn eines Projekts wird ein Projektleiter bestimmt. Seine Aufgabe ist die projektspezifische Anpassung des V-Modells – das Tailoring. Im Rahmen des Tailorings wählt der Projektleiter einen der vier Projekttypen aus. Die Auswahl von Projekttyp und Projekttypvariante legt den verpflichtenden Rahmen (Vorgehensbausteine und Abäufe) für das Projekt fest. Optionale Elemente werden durch Projektmerkmale angeboten.

**Projektmerkmale.**    Unterstützung bei der Auswahl erhält der Projektleiter durch *Projektmerkmale*. Projektmerkmale entsprechen Fragen zur Projektsituation, z. B. zum *Entwicklungsgegenstand* und einer Menge möglicher Antworten, z. B. *Software* oder *Hardware*. Aufgabe des Projektleiters ist es, zu jedem der Projektmerkmale den für sein Projekt passenden Wert zu wählen. Mit der Entscheidung für einen Wert beeinflusst er die Auswahl der Vorgehensbausteine und ggf. der Abläufe. Wird als *Projektgegenstand* z. B. der Wert *Software* gewählt, ist automatisch der Vorgehensbaustein *SW-Entwicklung* im Tailoringergebnis enthalten. Das Ergebnis des Tailorings ist ein angepasstes projektspezifisches V-Modell.

### 1.2.5 Produktabhängigkeiten

Das V-Modell und der Tailoringmechanismus sind so aufgebaut, dass mit dem Projektassistenten niemals ein inkonsistentes projektspezifisches V-Modell erstellt werden kann. Diese Form des Tailorings reicht jedoch in der Regel nicht aus, da eine individuelle Produktauswahl nicht möglich ist. Um hier die für Projekte notwendige individuelle Flexibilität zu erreichen, unterstützt das V-Modell weitere Anpassungsmechanismen, die zur Projektlaufzeit eingesetzt werden können. Dazu zählen insbesondere *Erzeugende Produktabhängigkeiten* mit *initialen* und *abhängigen* Produkten.

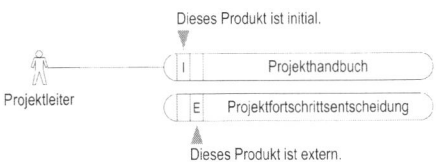

**Abb. 1.12:** Kennzeichnung von Produkten

Die Idee hinter erzeugenden Produktabhängigkeiten ist, dass es für jedes Produkt, das in einem Projekt erstellt wird, einen Grund für die Erstellung gibt. Ein Produkt sollte niemals erstellt werden nur „weil es so im Vorgehensmodell vorgegeben ist". Die erzeugende Produktabhängigkeit definiert eine Beziehung von einem oder mehreren Produkten zu einem oder mehreren anderen Produkten. Sie sagt im Wesentlichen aus, dass in den Ausgangsprodukten die Begründungen für die Erstellung der Zielprodukte (insbesondere Zeitpunkte und Anzahl) zu finden sein muss.

**Beispiel:** Im Projekthandbuch wird festgelegt, ob und in welcher Form eine Risikoliste geführt wird. Das V-Modell definiert genau diese Beziehung über eine Produktabhängigkeit zwischen den Produkten *Projekthandbuch* und *Risikoliste*.

*Projekthandbuch* und *Projektplan* spielen im Projekt eine
herausragende Rolle. Von diesen beiden Dokumenten gehen im Wesentlichen alle erzeugenden Produktabhängigkeiten aus, die das Projektmanagement betreffen. Daher
sind sie als *intial* markiert (vgl. Abb. 1.12). Ein weiteres
Produkt von ähnlicher Bedeutung ist das *QS-Handbuch*,
das die Rolle des Projekthandbuchs für alle Maßnahmen
zur Planung und Sicherung der Qualität einnimmt. Mit
diesen Produkten und den Produktabhängigkeiten steht
dem Projektleiter ein effizientes Werkzeug zur Regelung
des Dokumentationsumfangs im Projekt zur Verfügung.
Ein weiteres zentrales Produkt, das in ähnlicher Weise
den Umfang für die Dokumentation im Rahmen der Systementwicklung steuert, ist das Produkt *Gesamtsystemspezifikation (Pflichtenheft)*. Hier wird durch die Systemanfor-
derungen im Wesentlichen alles festgelegt, was an Systemelementen und Dokumentation im Rahmen der Entwicklung zu erstellen ist.

**Hinweis:** Erzeugende Produktabhängigkeiten und ihre Rolle im V-Modell mögen auf den ersten Blick abstrakt erscheinen. Ihre
Aufgabe ist es jedoch, den Dokumentationsaufwand in Projekten zu steuern, ohne dabei die Qualität der Projektdurchführung außer Acht zu lassen. Sie stellen eine wesentliche
Stellschraube für die Anpassung des V-Modells zur Projektlaufzeit dar.

## 1.3 Download und Installation

Das V-Modell XT steht mit seinen Werkzeugen frei zur
Verfügung und kann von der Webseite des *Bundes-CIO*
heruntergeladen werden (www.v-modell-xt.de). Seit Version 1.2.1 werden alle Quellen, Dokumente und Werkzeuge in einer ca. 250 MB großen Datei angeboten. Das Pa-

ket kann online direkt von der Webseite installiert werden (Online-Installer) oder heruntergeladen und offline installiert werden (Offline-Installer). Voraussetzung für Download und Installation des V-Modells ist Java ab Version 1.5.

Ein Wizard führt durch die einzelnen Schritte der Installation. Nach Auswahl der Sprache und Akzeptanz der Lizenz kann man wählen welche Elemente im Paket installiert werden (Tabelle 1.1).

| Paket | Beschreibung |
|---|---|
| Lizenz und Autoren | Lizenz zur Anwendung des V-Modell XT und Liste seiner Autoren. |
| Release Notes | Eine Liste der Änderungen im Vergleich zur vorherigen Version. |
| Projektassistent | Werkzeug für das Tailoring. |
| Editor | Werkzeug zur Bearbeitung des V-Modell XT selbst. |
| Portable Open Office | Zusätzliches Paket für den Export des V-Modells. |
| V-Modell Quellen | Eine Menge von XML-Dateien und Bilderdateien, die in ihrer Gesamtheit das V-Modell beschreiben. |
| Dokumentation | Eine vollständige Dokumentation in HTML- und PDF-Format. |
| Schulungsmaterial | Referenzschulungen. |
| Beispielprojekte | Eine Auswahl an Beispieldokumenten von Projekten, die nach dem V-Modell durchgeführt wurden. |
| Produktvorlagen | Die vollständigen Produktvorlagen zum V-Modell XT. |

**Tabelle 1.1:** Inhalte des Installationspakets des V-Modell XT

Für eine minimale Installation benötigt man mindestens eine Sprachversion der V-Modell-Quellen, den Projektassistenten und ein Open-Office-Paket für den Export des projektspezifisch angepassten V-Modell. Sollte Open Office bereits installiert sein, kann dieses bei der Installation auch angegeben werden, womit das betreffende Paket nicht extra heruntergeladen werden muss. Weitere Komponenten, wie z. B. die englischen Sprachkomponenten, können optional hinzugewählt werden.

**Tipp:**

Das hier beschriebene Vorgehen geht von einer Installation unter Windows XP aus. Informationen zu Installationen des V-Modells auf anderen Plattformen stehen unter vmxt.blogspot.com zur Verfügung.

**Das V-Modell-Portal.**   Neben den Quellen und Werkzeugen bietet die V-Modell Webseite eine Plattform für Anwender mit Informationen rund um das V-Modell. Fragen und Probleme können im Forum eingestellt werden und werden vom V-Modell-Team oder auch von anderen Nutzern beantwortet. Über ein Änderungsmanagementtool, das in die Webseite integriert wurde, können Vorschläge für Verbesserungen oder auch Fehlermeldungen zum V-Modell selbst gemacht werden. Diese werden, nach entsprechender Prüfung (der Prozess ist auf der Webseite beschrieben) bei der Weiterentwicklung des V-Modell berücksichtigt. Zuguterletzt bietet die Webseite Erfahrungsberichte, Beispiele aus realen Projekten, Material für Schulungen und Informationen, Informationen, Informationen.

# 2 Ein Projekt nach V-Modell XT starten...

Die Projektinitialisierung mit dem Projektassistenten ist im V-Modell verankert. Projektleiter können hier Projekte mithilfe des Werkzeugs charakterisieren und im Anschluss verschiedene Ausgaben exportieren. Dieses Kapitel gibt einen schnellen Einstieg in das werkzeugunterstützte Tailoring und zeigt den Weg vom Projektstart hin zu Dokumentation, Plänen und Vorlagen.

## 2.1 Tailoring

Ein V-Modell-Projekt beginnt immer mit der Entscheidung zur Durchführung des Projekts. Grundlage der Entscheidung ist beispielsweise ein Projektvorschlag, der die wichtigen Informationen zur Entscheidungsfindung enthält, z. B. welche Ziele mit dem Projekt verfolgt werden, wie das zu entwickelnde System eingesetzt werden soll, wie die Kosten-Nutzen-Analyse aussieht, welche Grobplanung vorgesehen ist. Diese Informationen sind erforderlich, damit ein Gremium über die Durchführung des Projekts entscheiden kann.

**Hinweis:** Die gerade aufgezählten Informationen sind üblicherweise in einer dem Projekt vorgelagerten *Vorlaufphase* ermittelt worden. Diese wird jedoch nicht durch das V-Modell XT abgedeckt. Das V-Modell-Projekt beginnt erst, sobald diese Informationen vorliegen.

Diese Entscheidung entspricht in jedem V-Modell-Projekt dem Durchlaufen des ersten Entscheidungspunkts *Projekt*

J. Friedrich et al., *Das V-Modell®️ XT*, Informatik im Fokus, 2nd Edn., DOI 10.1007/978-3-642-01488-8_2, © Springer-Verlag Berlin Heidelberg 2009

*genehmigt.* Je nach Ergebnis der Entscheidung kann damit das Projekt bereits beendet sein. Weiteres Ergebnis des Entscheidungspunkts ist die Benennung eines Projektleiters. Seine Aufgabe ist es, das V-Modell an die Projektanforderungen anzupassen.

**Der Projektassistent.**   Der V-Modell XT Projektassistent unterstützt den Projektleiter während des gesamten Prozesses der projektspezifischen Anpassung. Erster Schritt

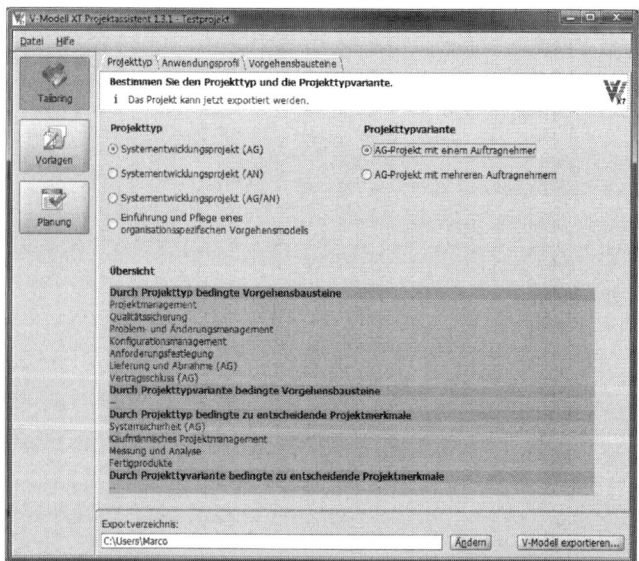

**Abb. 2.1:** Festlegen des Projekttyps im Projektassistenten

zum Tailoring ist das Anlegen eines neuen Projekts im Assistenten. Durch Auswahl der Option *Neues Projekt an-*

*legen* wird ein Dialog geöffnet, in dem ein Name für das Projekt angegeben werden kann. Zusätzlich muss eine V-Modell-Variante (ab Version 1.3.2) ausgewählt werden. Alternativ kann der Pfad zu den Quellen des V-Modells auch manuell ausgewählt werden (Option *Ändern*). Mit *Ok* wird das V-Modell in den Projektassistenten geladen.

**Schnelleinstieg ins Tailoring.** Der Prozess zum Tailoring im Projektassistenten erstreckt sich über drei Reiter. Im ersten werden der *Projekttyp* und eine passende *Projekttypvariante* ausgewählt (Abb. 2.1). Man erhält eine erste Vorauswahl an verpflichtenden Vorgehensbausteinen und den optionalen Projektmerkmalen. Diese werden im unteren Bereich des Projektassistenten angezeigt.

Auf dem Reiter *Anwendungsprofil* hat man nun die Möglichkeit, über die Zuordnung von Werten zu den bis zu neun *Projektmerkmalen* (Tabelle 2.1) das Tailoring zu verfeinern. Jede Zuordnung eines Wertes zu einem Projektmerkmal hat unmittelbare Auswirkungen auf das Tailoringergebnis. Der dritte Reiter *Vorgehensbausteine* dient der Kontrolle.

**Hinweis:** Projektmerkmale enthalten alle Variationen, die in einem Projekt möglich sind. Dies bezieht sich sowohl auf Vorgehensbausteine als auch Ablaufbausteine. Diese sind aufeinander abgestimmt, sodass immer ein konsistentes projektspezifisches V-Modell garantiert wird.

Für jedes Projektmerkmal sind die möglichen Antworten vorgegeben. In den meisten Fällen beschränken sich die Antworten allerdings auf „Ja" und „Nein". In der Dokumentation zum V-Modell ist dokumentiert, wie sich die Belegung der Projektmerkmale auf das Tailoringergebnis auswirkt. Die Beziehungen sind so aufgebaut, dass

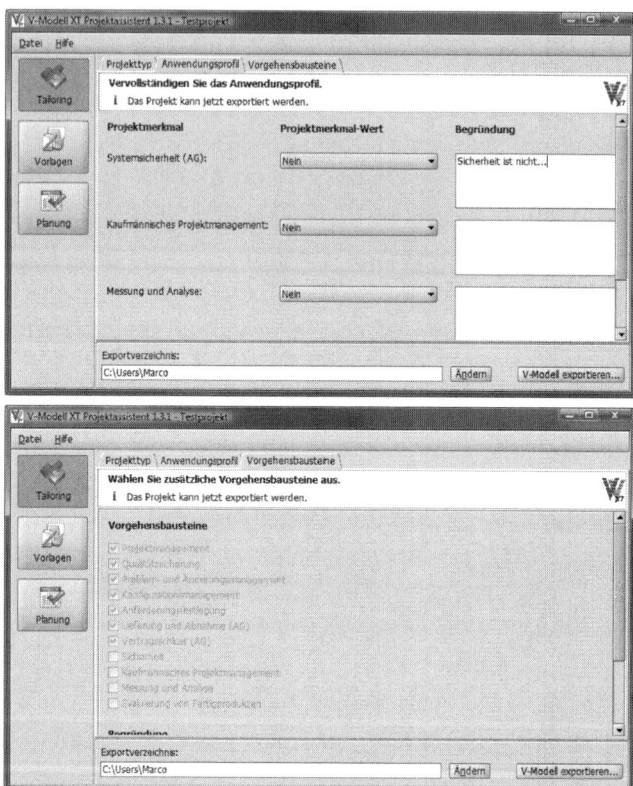

**Abb. 2.2:** Festlegen des Anwendungsprofils durch Projektmerkmale

eindeutig festgelegt ist, welche optionalen Vorgehensbausteine und welche Abläufe für die Projektdurchführungsstrategie im Projekt verwendet werden. Nicht immer sind
alle Projektmerkmale vom Projektleiter mit Werten zu be-

| Projektmerkmal | Frage |
|---|---|
| Systemsicherheit (AG) | Ist das Projekt kritisch bezüglich Safety und Security? |
| Systemsicherheit (AN) | (*siehe AG*) |
| Kaufmännisches Projektmanagement | Ist eine kaufmännische Projektplanung und -verfolgung notwendig? |
| Messung und Analyse | Sollen quantitative Projektkennzahlen ermittelt werden? |
| Fertigprodukte | Sollen, soweit sinnvoll und möglich, Fertigprodukte evaluiert und eingesetzt werden? |
| Benutzerschnittstelle | Ist die Benutzerschnittstelle ein Erfolgskriterium? |
| Unterauftrag | Sollen während der Systementwicklung Unteraufträge vergeben werden? |
| Altsystem | Soll in diesem Projekt ein Altsystem migriert werden? |
| Prototypentwicklung | Sollen im Rahmen der Systementwicklung Prototypen erstellt werden? |

**Tabelle 2.1:** Projektmerkmale und Fragen

legen. Durch die Auswahl von Projekttyp und Projekttypvariante wird automatisch festgelegt, welche Projektmerkmale noch zu entscheiden sind. Nur diese stehen im Anwendungsprofil zur Auswahl zur Verfügung.

## 2.2 Der Export

Der Projektassistent unterstützt nicht nur das Tailoring, sondern bietet auch die Möglichkeit zum Export des projektspezifischen V-Modells in verschiedene Dokumente und Vorlagen, die im Projekt unterstützend genutzt werden können:

- Export einer angepassten Dokumentation des projektspezifischen V-Modells
- Export von Produktvorlagen
- Generierung eines initialen Projektplans

**Prozessdokumentation.**   Ergebnis des Exports einer projektspezifisch angepassten V-Modell-Dokumentation ist ein Dokument im PDF- oder HTML-Format, das in Aussehen und Aufbau der Gesamtdokumentation entspricht, dessen Inhalt jedoch das Tailoringergebnis widerspiegelt. Beispielsweise sind nur Produkte, Aktivitäten der Vorgehensbausteine enthalten, die Teil des Tailoringergebnisses sind.

Durch Angabe eines Exportverzeichnisses im unteren Bereich des Projektassistenten wird der Button für den Export aktiviert und der Export der Dokumentation kann gestartet werden. Der Export-Dialog erlaubt zusätzlich die Angabe eines Exportformats und die Wahl des zu exportierenden Teils der Dokumentation. Mit Komplettexport wird die vollständige Dokumentation exportiert.

**Vorlagen.**   Der Projektassistent unterstützt auch die Generierung von Produktvorlagen. Durch Klicken auf den Button *Vorlagen* erreicht man einen Dialog (Abb. 2.3) mit einer Auswahl von Produkten, zu denen eine Vorlage generiert werden kann.

Bei der Minimalauswahl handelt es sich um alle initialen Produkte, die nach dem Tailoring im projektspezifischen

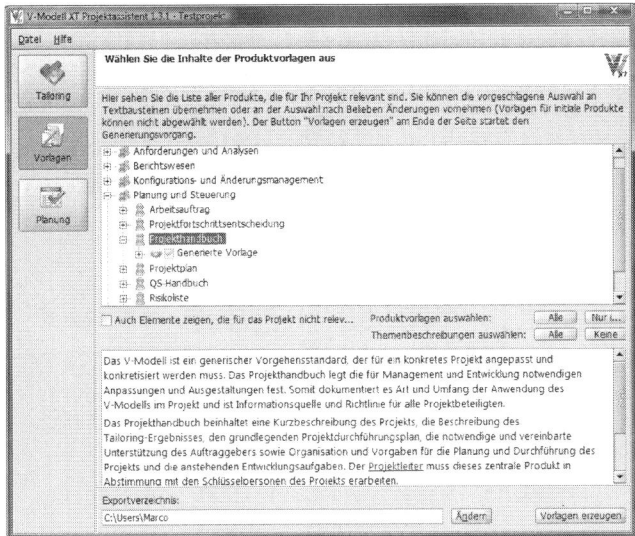

**Abb. 2.3:** Export der Produktvorlagen

V-Modell enthalten sind. Diese kann manuell erweitert werden. Nach Angabe eines Exportverzeichnisses und Starten des Exports werden die ausgewählten Vorlagen im DOC-, RTF- oder ODT-Format generiert.

Jede Vorlage entspricht genau einem Produkttyp im V-Modell und enthält die Produktbeschreibung als Orientierungshilfe für die projektspezifische Ausarbeitung des Produkts. Zusätzlich ist hier die Auswahl von Mustertexten möglich. Dies sind Textbausteine, die bereits während des Exports mit generiert werden können (siehe auch Abschnitt 2.4).

**Mustertexte richtig anwenden**

Durch die Benutzung von Mustertexten verschwimmt die Grenze zwischen Produkttypen und Produktexemplaren (Kapitel 1.2.1). Der Projektassistent kann bei der Projektinitialisierung für jeden Produkttyp eine Produktvorlage generieren, die dann im Laufe des Projekts als Template für die zu erstellenden Produktexemplare dient.

Sollen Mustertexte zum Einsatz kommen, ergeben sich in diesem Zusammenhang gleich zwei Probleme: Zum einen ist am Projektanfang oft noch gar nicht klar, welche Mustertexte ausgewählt werden müssen, weil sie sich beispielsweise auf Ergebnisse späterer Projektabschnitte beziehen. Zum andern existieren zu einem Produkttyp oft viele einzelne Exemplare, für die jeweils andere Mustertexte gelten sollen.

In diesem Fall bleibt dem Anwender nichts anderes übrig, als mit dem Projektassistenten während des Projekts immer wieder aufs Neue Vorlagen zu generieren. Dabei muss er beachten, dass die zuvor generierten Vorlagen überschrieben werden und außerdem immer die Vorlagen für die initialen Produkte miterzeugt werden.

## 2.3 Initiale Planung

Eine Besonderheit des Projektassistenten ist die Unterstützung bei der initialen Meilensteinplanung für ein Projekt. Durch Klicken auf den Button *Planung* im Assistenten wird ein Formular geöffnet, mit dem der Meilensteinplan Stück für Stück aufgebaut werden kann (weitere Informationen sind in Kapitel 3.5 zu finden). Die Planung erfolgt grafisch durch Klicken. Jeweils verfügbare Entscheidungspunkte und Ablaufverzweigungen werden in einem Kontextmenü angeboten. Parallele Abläufe werden grafisch dargestellt und. Einem Entscheidungspunkt kann durch einen Doppelklick ein aussagekräftiger Name sowie ein Datum zugeordnet werden. Der Meilen-

steinplan wird vom Projektassistenten auf Konsistenz geprüft. Nicht gültige Abäufe werden angezeigt und können durch den Projektleiter korrigiert werden.

Der Meilensteinplan bildet das Grundgerüst der eigent-
lichen Projektplanung. Um die Ergebnisse des initialen
Meilensteinplans im Projekt verwenden zu können, erlaubt der Projektassistent den Export in andere Forma-
te, z. B. Microsoft Project XML oder CSV, und damit seine
Weiterverwendung in anderen Planungstools.

**Hinweis:** Neu in der Version 1.3 des V-Modells ist das Microsoft Project XML-Format für den initialen Projektplan. Der Export
dieses Formats enthält nicht nur die Meilensteine, sondern
auch die benötigten Rollen. Diese sind als Benutzergruppen
angelegt und bereits so instanziiert, dass für jede Aktivität
eine initiale Rollenzuordnung vorgenommen wurde.

Hat der Projektleiter diese Schritte durchgeführt, kann
das Projekt starten: Der initiale Meilensteinplan bildet das
Grundgerüst für die Projektplanung, die Vorlagen geben
dem Team Hilfestellung bei der Durchführung ihrer Aufgaben und können unmittelbar zur Dokumentation der
Projektergebnisse verwendet werden. Die projektspezifische V-Modell-Dokumentation dient als Nachschlagewerk und Informationsbasis.

**Hinweis:** Die verschiedenen Exporte sind optional und sind lediglich
zur Unterstützung der Projekte gedacht. Sie stellen jedoch
eine nicht zu unterschätzende Hilfe bei der Durchführung eines Projekts nach V-Modell dar.

## 2.4 Abweichungen vom V-Modell XT

Bisher wurde die Anwendung des V-Modells *out of the
box* beschrieben. Es wurde davon ausgegangen, dass der

V-Modell-Standard unmittelbar verwendet wird. Das Tailoring zu Beginn eines Projekts erlaubt zwar eine Auswahl, die Inhalte des Modells selbst, wie z. B. die Beschreibungen der Produkte, Aktivitäten und Rollen oder die vorgegebenen Entscheidungspunkte, können jedoch nicht verändert werden. In der Praxis wird dies häufig nicht den Anforderungen einer Organisation entsprechen. So sind die Beschreibungen zu den Produkten im V-Modell zum Teil sehr allgemein gehalten. Dies war notwendig, um das Modell nicht von vorne herein auf eine bestimmte Art von Organisationen und Projekten festzulegen.

Das V-Modell XT erlaubt durchaus Abweichungen vom Tailoringergebnis für einzelne Projekte, z. B. Änderungen bei den Entscheidungspunkten, die Nichterstellung nicht benötigter initialer Produkte und so weiter. Voraussetzung ist jedoch, dass jede Entscheidung dokumentiert wird. Zu diesem Zweck gibt es im *Projekthandbuch* ein spezielles Kapitel mit dem Titel *Abweichungen vom V-Modell*. Hier werden Abweichungen dokumentiert und insbesondere begründet, sodass jederzeit im Projektablauf die Entscheidung für die Abweichungen nachvollziehbar bleibt.

Der Projektleiter bestimmt...

Idee des V-Modells ist es, dass nicht das V-Modell dem Projektleiter vorschreibt, wie das Projekt durchzuführen ist, sondern der Projektleiter das V-Modell so anpasst, wie es ihm am besten geeignet scheint – allerdings immer unter Berücksichtigung der vom V-Modell vorgegebenen Regeln. Zusammengefasst sind dies: Einhalten der Minimalanforderungen bezüglich Produkten und Dokumentation jeder weiteren Entscheidung und Abweichung an den vom V-Modell vorgegebenen Stellen.

**Mustertexte.** Eine relative einfache, aber elegante Anpassungstechnik ist die Erweiterung der Produktvorlagen um vordefinierte, organisationsspezifische Mustertexte. Die Mustertexte können von der Organisation vorbereitet werden und werden vom Projektassistenten mit in die Projektvorlagen generiert. Mustertexte sind eine einfache und effiziente Form der V-Modell-Anpassung. Sie können individuell für jede Organisation mit Hilfe des *V-Modell XT Editors* erstellt werden.

**Hinweis:** Mustertexte sollten jedoch mit Bedacht angewendet werden. Der Einsatz von Mustertexten darf nicht dazu führen, dass die Projektdokumentation zu großen Teilen aus generierten Inhalten besteht, die keinen Bezug mehr zum Projekt haben.

Mustertexte sind jedoch eine sinnvolle Technik für die Definition organisationsweiter Vorgaben, beispielsweise bei Fehlen eines organisationsweiten Standards zu allgemeinen Themen wie Konfigurationsmanagement oder Risikomanagement.

**Externe Kopiervorlagen.** Neu in der Version 1.3 des V-Modells ist weiterhin die Option, eigene Vorlagen, die nicht auf Inhalten des V-Modells basieren ins Vorgehensmodell zu integrieren. Diese Vorlagen sind nicht auf die o.g. Exporttypen beschänkt, sodass z. B. auch Excel-Tabellen oder Code-Templates angeboten werden können. Diese Vorlagen werden bei der Initialisierung des Projekts neben die genrierten Templates kopiert.

**Organisationsspezifische Anpassung.** Das V-Modell XT unterstützt verschiedene Formen der Anpassung die im Rahmen des Tailorings und zur Projektlaufzeit angewendet werden können. Viele Organisationen würden jedoch gerne konkretere Vorgaben machen. Beispielsweise definiert das *Projekthandbuch* im V-Modell ein sehr allgemeines Verfahren zum Risikomanagement. Das Verfahren ist zwar generell richtig, jedoch im Detail bewusst unspezifisch. Prinzipiell steht es jedem V-Modell-Projekt frei, in seinem Projekt spezifische Vorgaben, Werkzeuge, Regeln und Prozesse zum Risikomanagement vorzugeben. Für eine Organisation ist es jedoch interessant, diese Vorgaben zentral an einer Stelle (im V-Modell selbst) einheitlich für alle Projekte festzulegen.

Es muss eine Anpassung des V-Modells selbst vorgenommen werden. Werkzeug der Wahl ist wieder der V-Modell XT Editor. Der Editor erlaubt eine Überarbeitung und Änderung aller V-Modell-Inhalte, das Hinzufügen neuer Modellelemente sowie die Erweiterung existierender.

---

**Das Referenzmodell**

In der Version 1.3 des V-Modells hat sich insbesondere im Bereich der organisationsspezifischen Anpassung sehr viel getan. Das dem V-Modell zugrunde liegende Metamodell, das die Strukturen für die organisationsspezifischen Anpassung festlegt, wurde vollständig überarbeitet. Das Ziel der Überarbeitung war die Möglichkeit, verschiedene Varianten zu unterstützen.

Dazu wurde das V-Modell der KBSt (das bisherige Standardmodell) zu einem *Referenzmodell* umgestaltet. Organisationsspezifische Anpassungen werden in einem separaten *Erweiterungsmodell* erstellt und unabhängig vom Referenzmodell gepflegt. Diese beiden Modelle werden durch Werkzeuge zum *organisationsspezifischen V-Modell* integriert. In [7] werden alle dafür notwendigen Strukturen und Vorgehensweisen detailliert beschrieben.

---

Die Anpassung des V-Modells sollte jedoch immer kontrolliert im Rahmen eines Projekts zur *Einführung und Pflege eines Vorgehensmodells* durchgeführt werden. Nur so kann die Qualität und Konsistenz des angepassten Vorgehensmodells sichergestellt werden.

Vorsicht ist außerdem hinsichtlich der Erhaltung der Konformität zum Standard „V-Modell XT" geboten. Organisationen, die an einer V-Modell-Zertifizierung interessiert sind, sollten bei Änderungen am V-Modell selbst immer die entsprechenden Vorgaben des Standards (sowohl inhaltlich als auch strukturell) beachten. Diese Thematik ist jedoch nicht im Fokus dieses Buchs, sodass im Weiteren nicht näher darauf eingegangen wird. Detaillierte Informationen hierzu finden sich in [7].

# 3 Projektplanung und -steuerung

Die Aufgaben eines Projektleiters lassen sich in vielen Aspekten mit denen eines Dirigenten vergleichen. Wie im Orchester besteht ein Projektteam aus einer Reihe spezialisierter Fachleute, deren Zusammenarbeit so zu koordinieren ist, dass sich ein harmonisches Gesamtbild ergibt. Und wie beim Dirigenten besteht auch die Arbeit des Projektleiters nur zu einem vergleichsweise geringen Teil aus Handwerk und technischem Sachverstand. Vielmehr erweisen sich häufig Fähigkeiten im Umgang mit Menschen oder auch Intuition und Geschick als entscheidend für den Erfolg. Das V-Modell allgemein und der Vorgehensbaustein *Projektmanagement* im Speziellen geben dem Projektleiter Orientierung und Hilfestellung bei seinen Aufgaben. Die Philosophie und das Ineinandergreifen der einzelnen Konzepte werden in diesem Kapitel vorgestellt.

## 3.1 Grundlagen

Projektmanagement ist die Gesamtheit der Grundsätze, Einrichtungen und Maßnahmen zur Realisierung einzelner oder einer Vielzahl gleichzeitig laufender Projekte unterschiedlicher Art und Komplexität mit einem Gesamtoptimum an wirtschaftlicher Effektivität und Effizienz unter Beachtung der sozialen Verantwortung (nach [9]). Die Begriffsdefinition zeigt, dass unter Projektmanagement sehr viel mehr zusammengefasst ist, als der

J. Friedrich et al., *Das V-Modell*® *XT*, Informatik im Fokus, 2nd Edn.,
DOI 10.1007/978-3-642-01488-8_3, © Springer-Verlag Berlin Heidelberg 2009

Standard V-Modell überhaupt abdeckt (etwa: Sicherstel-
lung der notwendigen Kompetenz von Mitarbeitern, Auswahl der „richtigen" Projekte, Optimierung der Organisation des Unternehmens). Im Weiteren geht es speziell
um die effiziente Planung, Überwachung und Steuerung
von Projekten und somit um das *operative Projektmanagement*.

---

### Wo ist das Projektmanagement im V-Modell XT zu finden?

Die entsprechenden Richtlinien und Vorgaben finden sich zum
großen Teil im Vorgehensbaustein *Projektmanagement* und darüber hinaus verteilt in den übrigen Vorgehensbausteinen. So ist z. B.
die Planung der Maßnahmen der analytischen Qualitätssicherung
im Baustein *Qualitätssicherung* beschrieben.

---

Speziell für Aspekte des Managements ist es hilfreich zu
verstehen, dass das V-Modell eine *produktzentrierte* oder
auch *ergebnisorientierte* Sicht auf den Projektablauf nahe-
legt – die Frage nach dem Ergebnis hat hier einen höheren
Stellenwert als die Frage danach, wie das Ergebnis erarbeitet werden soll.

**Beispiel:** Ein einfaches Beispiel verdeutlicht, welche Unterstützung
das V-Modell (hier nur Modell genannt) einem Projektleiter
beim operativen Projektmanagement bietet. Das „Projekt"
sei hier das Vorhaben, einen Koffer für eine längere Reise
zu packen.

**Umfang und Vollständigkeit:** Das Modell beschreibt die
unterschiedlichen Fächer im Koffer, was in jedem einzelnen
Fach erwartet wird und welche Fächer unter welchen Vor-
aussetzungen leer bleiben dürfen. Der Projektleiter versteht
den Umfang der Arbeiten bis zum Reisebeginn und kann jederzeit den Projektfortschritt beurteilen.

**Konsistenz:** Mit Hilfe des Modells weiß der Projektleiter,
dass bestimmte Inhalte aus Fächern zueinander stimmig

sein müssen. Mit dieser Unterstützung verhindert er erfolgreich, dass die feine Hose für den geplanten Theaterbesuch im Koffer ist, das passende Hemd aber fehlt.

**Reihenfolge:** Durch die Festlegung einer Reihenfolge, in der einzelne Fächer befüllt werden, erhält der Projektleiter Hinweise auf die Reihenfolge der Aktivitäten beim Packen.

### 3.1.1 Konzepte des Projektmanagements im V-Modell XT

Erfolgreiches (operatives) Projektmanagement erfordert die Berücksichtigung und Optimierung:

- der Organisation,
- der Methoden und Werkzeuge sowie
- des Faktors Mensch.

**Organisation.**   Der Projektleiter und mit ihm das Projekt sind eingebettet in die Organisation des Unternehmens. Die Organisation ist entscheidend dafür, wie schnell Entscheidungen im Projektalltag getroffen werden können, wie kurzfristig Ressourcenengpässe oder freie Ressourcen ausgeglichen werden können und wie gut der Informationsfluss zwischen Projekt und Akquisitionsabteilungen verläuft. Das V-Modell trifft über das Konzept der *Rolle* beschränkt Aussagen über die Organisation des Projektumfelds (siehe Abschnitt 3.2).

**Methoden und Werkzeuge.**   Die Methoden- und Werkzeuglandschaft eines Unternehmens legt den Grundstein für die effiziente Projektdurchführung. Ist die Landschaft im Unternehmen sehr heterogen, so werden für die gleichen Tätigkeiten ganz unterschiedliche Verfahrensweisen genutzt – Mitarbeiter können nicht so einfach in neue

Teams wechseln und gute Methoden setzen sich eher zu-
fällig durch. Ist die Landschaft dagegen klein und restrik-
tiv fühlen sich die Mitarbeiter gegängelt und empfinden
die Vorgaben nicht als Hilfe in ihrem Alltag. Im Gegensatz
zur Vorstellung einer meist weitläufig wahrgenommen
Landschaft findet sich häufig der Begriff eines *Methoden-
und Werkzeugbaukastens*, der das Handwerkszeug des Projektleiters und seines Teams enthält.

**Faktor Mensch.**    In einem Projekt arbeitet eine Gruppe
Personen zusammen, um im besten Fall gemeinsame Ziele zu erreichen. Dass hierbei ganz unterschiedliche Men-
talitäten, Vorstellungen, Interessen, Fähigkeiten, Kenntnisse und Emotionen aufeinander prallen, kann für den
Erfolg des Projekts ebenso förderlich wie hinderlich sein.

Es ist eine zentrale Aufgabe des Projektleiters, Gemein-
samkeiten und Unterschiede im Projektteam so zu kombinieren, dass Stärken der Mitarbeiter ausgenutzt und
Schwächen überlagert werden können. Gute Projektleiter
weisen einen hohen Grad an *Soft Skills* auf. Dazu gehören
beispielsweise Themen wie kontinuierliche Mitarbeitermotivation, Konfliktmanagement und ein Gespür für die
Fähigkeiten der einzelnen Mitarbeiter.

**Unterstützung durch das V-Modell XT.**    Vorgehensmodelle
können den Projektleiter in manchen Bereichen besser unterstützen als in anderen. So bietet das V-Modell über sein
Rollenmodell eine Vorstellung der unterschiedlichen Verantwortlichkeiten, die die Organisation von Projekt und
Unternehmen gleichermaßen betreffen. Es stellt weiterhin
ein Rahmenwerk dar, in das die unterschiedlichen Methoden und Werkzeuge im Unternehmen eingehängt werden

können und bietet darüber hinaus bereits von Haus aus eine Vielzahl an Hinweisen auf geeignete Herangehensweisen.

**Hinweis:** Naturgemäß bietet das V-Modell keine Hilfe bei *Soft-Skill*-Themen wie Teamaufbau, Mitarbeitermotivation und Projektkultur.

Der produktzentrierte Ansatz des V-Modell wirkt sich deutlich auf die Art und Weise aus, in der Projektmanagement betrieben wird.

Zu der strukturierten Vorgehensweise, die der Standard fordert und fördert, gehören die präzise Festlegung von Zielen des Projekts und – darauf aufbauend – die Unterteilung des Projektablaufs in einzelne Abschnitte. Jeder Abschnitt hat seinerseits eine klare, unmissverständliche Zielsetzung, z. B. durch die Festlegung der zu erarbeitenden Ergebnisse.

Erst wenn dieses Aufteilen der gesamten Zielsetzung auf die Einzelziele stimmig ist und den Projektbeteiligten verständlich kommuniziert wurde, macht sich der Projektleiter an die Projektplanung.

### 3.1.2 Produkte und Abhängigkeiten

Alle Informationen, mit denen im Projekt gearbeitet wird oder die hier erarbeitet werden, finden sich in den unterschiedlichen Produkten des V-Modell. Um sinnvoll mit diesen Informationen arbeiten zu können, ist es hilfreich zu verstehen, wie diese Informationen zusammenpassen. Das V-Modell definiert zu diesem Zweck *Abhängigkeiten* zwischen Produkten. Diese gelten stets, sobald beide Produkte existieren.

**Beispiel:** Der SW-Architekt stellt das Produkt SW-Architektur fertig. Bei der Qualitätssicherung wird das Dokument erst für sich überprüft: Ist es vollständig und widerspruchsfrei? Im Anschluss erfährt der Prüfer aus dem V-Modell, dass zwischen den Produkten SW-Architektur und Systemarchitektur eine Abhängigkeit besteht und er kann nun gezielt prüfen, ob diese beiden Produkte zueinander konsistent sind.

Der Standard kennt insgesamt vier Arten von Produktabhängigkeiten:

- Inhaltliche Produktabhängigkeiten
- Strukturelle Produktabhängigkeiten
- Erzeugende Produktabhängigkeiten
- Tailoringabhängigkeiten

*Inhaltliche Produktabhängigkeiten* legen fest, dass die Informationen in einem Produkt mit den Informationen in einem anderen Produkt konsistent sein müssen (und umgekehrt). So verlangt das V-Modell z. B. dass die Aussagen aus dem QS-Bericht mit den Prüfprotokollen für Dokumente und Prozesse stimmig sein müssen. Inhaltliche Produktabhängigkeiten sind „ungerichtet", da nicht festgelegt ist, ob das Produkt auf der einen oder das auf der anderen Seite der Abhängigkeit zuerst erstellt wird.

Die *strukturelle Produktabhängigkeit* drückt aus, dass ein Produkt Teil eines anderen ist. So ist etwa festgelegt, dass eine SW-Einheit aus SW-Komponenten besteht.

Wenn in einem Produkt festgelegt ist, dass ein anderes Produkt erarbeitet werden wird, so beruht dies auf einer *erzeugenden Produktabhängigkeit*. Beispielsweise könnte im Projekthandbuch stehen, dass alle zwei Wochen ein Projektstatusbericht erstellt und an den Projektmanager übergeben wird.

Ein Sonderfall sind die *Tailoringabhängigkeiten*, die nicht zwischen Produkten, sondern zwischen einem Produkt und Vorgehensbausteinen definiert werden. So kann sich mit der Fertigstellung der Systemarchitektur herausstellen, dass doch Hardware im Projekt entwickelt und somit der Vorgehensbaustein HW-Entwicklung im Rahmen des Tailorings berücksichtigt werden muss.

Produktabhängigkeiten sind ein zentrales Hilfsmittel sowohl für das Projektmanagment als auch für die Qualitätssicherung und weitere, angrenzende Bereiche.

Tipp:

> Das V-Modell definiert Produktabhängigkeiten nur zwischen Produkt*typen*, während der Projektleiter zum sinnvollen Umgang Abhängigkeiten zwischen Produkt*exemplaren* benötigt.
>
> Zum Review eines Systemelements reicht es nicht aus zu wissen, dass Systemelemente generell konsistent zu Spezifikationen sein müssen. Vielmehr muss der Prüfer wissen, zu welcher konkreten Spezifikation eine inhaltliche Abhängigkeit besteht. Diese Information kann beispielsweise innerhalb der Dokumente verwaltet werden und ist kontinuierlich zu pflegen.

### 3.1.3 Vorwärts- und Rückwärtsplanung

Das V-Modell definiert über Entscheidungspunkte Zwischenstände im Ablauf, zu denen bestimmte Ergebnisse qualitätsgesichert und fertig gestellt vorliegen müssen. Der Projektleiter verknüpft die Entscheidungspunkte seines Projekts und weiß damit genau, welche Ergebnisse wann abgeschlossen sein müssen. Mit *Rückwärtsplanung* ist nun die Sicht von diesen Terminen zu vorher stattfindenden Aktivitäten gemeint, etwa mit folgender Überlegung: „Wenn das Projekthandbuch zum Entscheidungspunkt *Projekt definiert* am 15. Mai fertig sein muss, so sollten wir zwei Wochen zuvor mit der Qualitätssicherung beginnen. Für diese ist es erforderlich, dass wir eine *Prüfspezifikation Projekthandbuch* erstellen. Das planen wir daher für Anfang Mai ein." Mit dieser Denkweise allein ist jedoch ein Projekt kaum erfolgreich zu planen, da manche Produkte zu keinem Entscheidungspunkt gefordert sind und auch keinen Entscheidungspunkte vorbereiten (wie etwas die *Prüfspezifikation Projekthandbuch* im Beispiel). Ergänzend benötigt der Projektleiter die *Vorwärtsplanung*, bei der ausgehend von den wenigen initalen Produkten mit Hilfe der erzeugenden Produktabhängigkeit die Erstellung weiterer Produkte abgeleitet wird (siehe Abschnitt 1.2.5). Dieser Mechanismus berücksichtigt die Tatsache, dass die tatsächliche Gesamtmenge der im Projekt zu erarbeitenden Ergebnisse erst bekannt ist, wenn Projektleiter und QS-Verantwortlicher die Managementprozesse ausgestaltet haben und das zu erstellende System hinreichend bekannt ist.

**Beispiel:** Folgende Überlegung des Projektleiters zeigt, wie Vorwärts- und Rückwärtsplanung in Einklang gebracht werden können: „Im Projekthandbuch ist festgelegt, dass wir stets am Monatsanfang einen Projektstatusbericht erstellen und an den Auftraggeber verschicken (Vorwärtsplanung). Zu jedem Entscheidungspunkt fordert unser Lenkungsausschuss einen Projektstatusbericht (Rückwärtsplanung). Lege ich die Termine für die Entscheidungspunkte an den Monatsanfang, können wir denselben Projektstatusbericht an den Auftraggeber und an den Lenkungsausschuss schicken."

## 3.2 Rollen

Im Vorgehensbaustein *Projektmanagement* (Abb. 3.1) zeigt sich das Zusammenspiel zwischen dem Projekt und seiner Umgebung in der Organisation des Unternehmens.

### 3.2.1 Der Projektleiter

Zentrale Rolle im operativen Projektmanagement ist die des *Projektleiters*. Seine Aufgaben unterteilen sich nach dem klassischen Regelkreis in

- Planung,
- Kontrolle,
- Steuerung und
- Berichtswesen

und nach der zeitlichen Abfolge in

- Projektvorbereitung,
- Projektdurchführung und
- Projektabschluss.

Der Projektleiter wird vom *Projektmanager* als Vertreter des Managements des Unternehmens mit der Projektdurchführung beauftragt. Die beiden Rollen stehen sich somit als Gegenspieler gegenüber: Der Projektleiter ist durch regelmäßige Treffen zu den Entscheidungspunkten angehalten, „sein" Projekt darzustellen und die jeweils vorherrschende Situation zu rechtfertigen. Hierzu erstellt er einen *Projektstatusbericht*, der bei Bedarf um einen *QS-Bericht* ergänzt werden kann.

Der Projektmanager beurteilt den Fortschritt, entscheidet zusammen mit dem *Lenkungsausschuss* über die Zukunft des Projekts und dokumentiert dies in einer *Projektfortschrittsentscheidung*. Durch dieses Zusammenspiel ist deutlich, dass Projektleiter und Projektmanager nie mit derselben Person besetzt werden dürfen.

**Fortschritt und Entlastung.**   Entscheidungspunkte bilden ein Konzept ab, das auch als *Quality-Gate* bekannt ist. Ein Projekt darf nur die nächste Phase beginnen (und damit

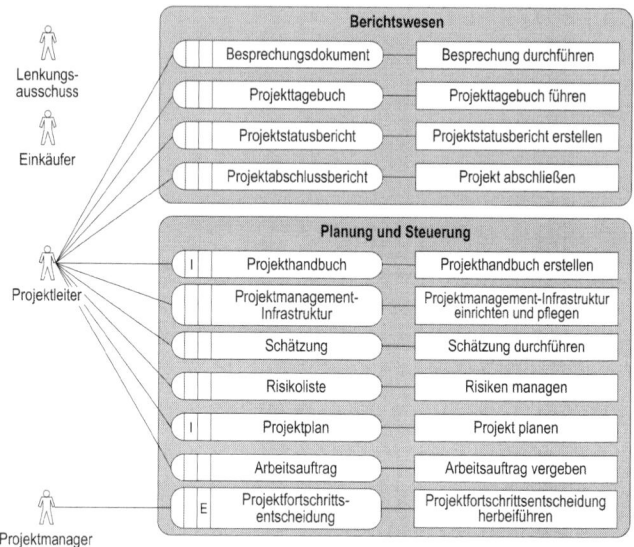

**Abb. 3.1:** Der Vorgehensbaustein Projektmanagement

weitere Ressourcen in Anspruch nehmen), wenn das vorab definierte Soll erreicht wurde. Neben dieser Verpflichtung, regelmäßig den Projektfortschritt zu begutachten, ist aber auch eine *Entlastung* des Projektleiters verbunden – bis zum erreichten Punkt ist der Lenkungsausschuss und damit das oberste Projektgremium mit seiner Arbeit einverstanden. Jeder Entscheidungspunkt kann unterschiedlich ausgestaltet werden. Sowohl im Hinblick auf den organisatorischen Aufwand (z. B. ein Treffen) als auch hinsichtlich seiner Konsequenzen, z. B. die Freigabe von Resourcen.

Tipp:

> In der Praxis ist es eine gute Idee, bei der organisationsspezifi-
> schen Anpassung festzulegen, welche Entscheidungspunkte tat-
> sächlich den Eintritt in spätere Phasen blockieren. Bei allen an-
> deren Entscheidungspunkten ist es dann erlaubt, vorzuarbeiten.

### 3.2.2 Der Projektmanager

Die beiden Rollen Projektleiter und Projektmanager sind
zentral in der Projektdurchführung – ihre Bezeichnungen
sind allerdings unglücklich gewählt, da im englischspra-
chigen Umfeld mit *Project Manager* genau der Projektleiter
bezeichnet wird. Um eine Abgrenzung herzustellen und
eine bessere Zuordnung auf die Personen in der eigenen
Organisation zu ermöglichen, folgen einige Charakteristi-
ka. Der Projektmanager

- ist verantwortlich für ein Projekt und vertritt dieses
  auch nach außen *und*
- koordiniert meist mehrere Projekte und ihren Bedarf
  an Ressourcen aus einem begrenzten Pool (etwa: eine Abteilung) *und*
- entscheidet, ob ein Projekt durchgeführt wird oder
  nicht.

**Beispiel:** In vielen Behörden passt folgende Zuordnung zur Organisation: Die Rolle des Projektmanagers wird vom Referatsleiter
übernommen. Im Lenkungsausschuss sind neben dem Referatsleiter die Stakeholder des Projekts, wie etwa der Verantwortliche für Qualität in der Behörde oder der Verantwortliche für den Betrieb.

### 3.2.3 Der Lenkungsausschuss

Gemäß V-Modell ist der Lenkungsausschuss das oberste Entscheidungsgremium in der Projektorganisation und stets ist der Projektmanager Teil diess Gremiums. Um Entscheidungsprozesse schlank zu halten ist projektweit oder organisationsweit festzulegen, welche Entscheidungen durch den Projektmanager allein getroffen werden können und für welche Entscheidungen der Lenkungsausschuss einzuberufen ist.

## 3.3 Aufgaben des Projektleiters

Das erfolgreiche Management des Projekts liegt in der Verantwortung des Projektleiters. Wie so häufig gilt auch hier, dass eine gute Vorbereitung viele Probleme bei der späteren Durchführung vermeiden hilft. Die folgenden Abschnitte erläutern die Aufgaben des Projektleiters anhand der einzelnen Phasen des Projekts und legen dabei einen Schwerpunkt auf die Vorbereitung. Organisation und Planung des Projekts erfolgen nach dem Durchlaufen des Entscheidungspunkts *Projekt genehmigt*.

Nun steht der Entscheidungspunkt *Projekt definiert* mit den wichtigen Ergebnissen *Projekthandbuch*, *QS-Handbuch* und *Projektplan* an.

### 3.3.1 Tailoring

Unter dem Begriff *Tailoring* (siehe auch Kapitel 2) versteht das V-Modell die Anpassung des Standards auf die konkreten Bedürfnisse eines Projekts. Das Ergebnis des Tailorings ist das *projektspezifische V-Modell*. Es beeinflusst maßgeblich Menge und Umfang der zu erarbeitenden Produkte sowie den hierbei betriebenen Aufwand im Projekt. Bei Verwendung des Projektassistenten stellt sich das projektspezifische V-Modell als reduzierte Variante der offiziellen Dokumentation des Standards, die in den jeweiligen Kapiteln nur noch die Inhalte aufweist, die für das Projekt relevant sind.

**Beispiel:** Hat sich der Projektleiter beim Tailoring für die Durchführung eines Projekts auf der Seite des Auftragnehmers entschieden, so findet sich im anschließend generierten Dokument in der *Referenz Teil 3 Produkte* das Produkt *Anforderungen (Lastenheft)* nicht.

Das Tailoring erfolgt auf der Granularität von Vorgehensbausteinen, die in zwei Schritten vom Projektleiter ausgewählt werden:

**Schritt 1: Festlegung von Projekttyp und Projekttypvariante.**  Zur grundlegenden Charakterisierung von Projekten kennt das V-Modell Projekttypen und Projekttypvarianten.

Im einfachsten Fall einer Systementwicklung mit einem Auftraggeber und einem Auftragnehmer wählt beispielsweise der Projektleiter des Auftraggebers den Projekttyp „Systementwicklungsprojekt (AG)" und die Projekttypvariante „AG-Projekt mit einem Auftragnehmer".

Für eine Übersicht listet Tabelle 3.1 alle Projekttypen und Projekttypvarianten auf. Mit dieser Festlegung ist ebenfalls definiert, welche Vorgehensbausteine auf jeden Fall im Projekt berücksichtigt werden müssen (die *verbindlichen* Vorgehensbausteine) und welche im zweiten Schritt des Tailorings über Projektmerkmale ausgewählt werden

können (die *optionalen* Vorgehensbausteine). Vorgehensbausteine, die sich in keiner der beiden Gruppen wieder-
finden, kommen für das Projekt nicht in Betracht.

| Projekttyp | Projekttypvariante |
|---|---|
| *Systementwicklungsprojekt (AG)* | |
| | AG-Projekt mit einem Auftragnehmer |
| | AG-Projekt mit mehreren Auftragnehmern |
| *Systementwicklungsprojekt (AN)* | |
| | AN-Projekt mit Entwicklung, Weiterentwick- lung oder Migration |
| | AN-Projekt mit Wartung und Pflege |
| *Systementwicklungsprojekt (AG/AN)* | |
| | AG-AN-Projekt mit Entwicklung, Weiterent- wicklung oder Migration |
| | AG-AN-Projekt mit Wartung und Pflege |
| *Einführung und Pflege eines organisationsspezifischen Vorgehensmodells (ORG)* | |
| | Einführung und Pflege eines organisations- spezifischen Vorgehensmodells |

**Tabelle 3.1:** Projekttypen und zugehörige Projekttypvarianten

**Hinweis:** Während ein projektspezifisches V-Modell XT stets eine kon-
sistente Sicht auf das Modell umfasst, ist die offizielle Dokumentation des Standards eine Zusammenführung aller Projekttypen und Projekttypvarianten. Gerade dort, wo diese
sich überlagern, kann die Darstellung zu Verwirrung führen:
so steht in der Referenz Tailoring, dass zum Entscheidungspunkt *Projekt genehmigt* die Produkte *Projektvorschlag* und
*Bewertung der Ausschreibung* vorliegen müssen. Diese Produkte gehören allerdings zu zwei unterschiedlichen Projekttypen und so kann es in der Praxis nie vorkommen, dass
beide im selben Projekt erarbeitet werden müssen.

**Hinweis:** In jedem AN- bzw. AG/AN-Projekt dürfen *Unterauftragnehmer* beauftragt werden. Diesen gegenüber verhält sich der Auftragnehmer dann wie ein Auftraggeber. Die Darstellung „AG/AN" bezeichnet nun nicht einen Auftragnehmer, der gegenüber seinem Unterauftragnehmer als Auftraggeber auftritt, sondern einen Auftragnehmer, der seinen eigenen Auftraggeber im Projekt hat.

---

Neu in der Version 1.3

Eine explizite Wahl einer Projektdurchführungsstrategie ist nun nicht mehr vorgesehen. Stattdessen sind die Projekttypvarianten derart gestaltet, dass mit Auswahl einer Variante und der nachfolgenden Belegung der Projektmerkmale auch die Projektdurchführungsstrategie des Projekts feststeht.

Die Werkzeuge zum Standard generieren einen Großteil der Darstellungen während der Erzeugung der Dokumentation. Damit spiegeln auch die Graphiken die Ergebnisse des Tailorings wider. Hat der Projektleiter etwa die Vergabe von Unteraufträgen im Projekt ausgeschlossen, so fehlt der entsprechende Ablauf in der Darstellung der Projektdurchführungsstrategie.

---

Für ein Tailoring ohne den Projektassistenten hilft der Halbkreis aus Abbildung 3.2 weiter. Der gewählte Projekttyp legt den relevanten Sektor fest. Von links nach rechts kommt zuerst der Sektor für das Auftragnehmerprojekt, dann der Bereich für das Auftraggeberprojekt und schließlich ein Sektor für die Einführung eines Vorgehensmodells im Unternehmen. Der Projekttyp, der Auftraggeber und Auftragnehmer zusammenfasst, ist mit gestrichelten Linien dargestellt und enthält Teile vom Auftraggeber- und Auftragnehmerbereich.

**Schritt 2: Belegung von Projektmerkmalen.** Mithilfe von Abb. 3.2 und der Liste der Abkürzungen in Tabelle 3.2 kann der Projektleiter nun einfach entscheiden, welche

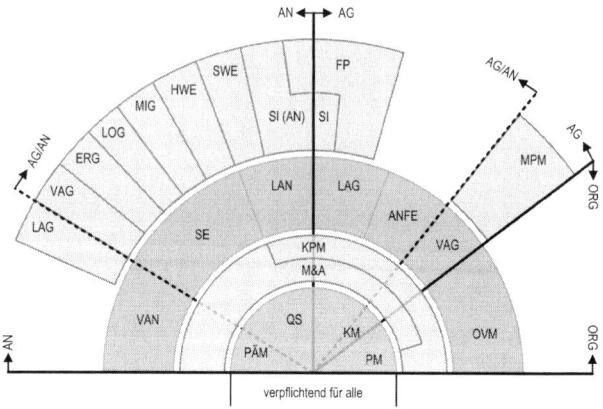

**Abb. 3.2:** Aufstellung und Einordnung der Vorgehensbausteine

Vorgehensbausteine für sein Projekt verpflichtend und welche optional sind. Beachtet werden muss hierbei, dass zwischen den Vorgehensbausteinen verschiedene Abhängigkeiten existieren, die durch die Projektmerkmale bereits korrekt aufgelöst werden.

**Hinweis:** Die Auswahl optionaler Vorgehensbausteine sollte immer über die Projektmerkmale und nach Möglichkeit nicht direkt erfolgen.

Der *V-Modell Kern*, der verpflichtend für alle Projekte ist, nimmt das Zentrum der Scheibe in der Darstellung ein. Optional für alle Projekte sind stets die Vorgehensbausteine im nächsten Ring: *Messung und Analyse* sowie *Kaufmännisches Projektmanagement*. Der darauf folgende Ring definiert wieder eine Reihe von verpflichtenden Bausteinen, je nach gewähltem Projekttyp. Und schließlich umfasst der äußere Projektring noch alle verbleibenden, optionalen Bausteine für das Projekt. Mit elf Vorgehensbausteinen hat der Projektleiter eines reinen Auftragnehmerprojekts die größe Menge an optionalen Bausteinen und somit den meisten Entscheidungsfreiraum.

| | Name des Vorgehensbausteins |
|---|---|
| **ANFE** | Anforderungsfestlegung |
| **ERG** | Benutzbarkeit und Ergonomie |
| **FP** | Evaluierung von Fertigprodukten |
| **HWE** | Hardwareentwicklung |
| **KM** | Konfigurationsmanagement |
| **KPM** | Kaufmännisches Projektmanagement |
| **LAG** | Lieferung und Abnahme (AG) |
| **LAN** | Lieferung und Abnahme (AN) |
| **LOG** | Logistikkonzeption |
| **M&A** | Messung und Analyse |
| **MIG** | Weiterentwicklung und Migration von Altsystemen |
| **MPM** | Multiprojektmanagement |
| **OVM** | Einführung und Pflege eines organisationsspezifischen Vorgehensmodells |
| **PÄM** | Problem- und Änderungsmanagement |
| **PM** | Projektmanagement |
| **QS** | Qualitätssicherung |
| **SE** | Systemerstellung |
| **SI/SI (AN)** | Sicherheit/Sicherheit (AN) |
| **SWE** | Softwareentwicklung |
| **VAG** | Vertragsschluss (AG) |
| **VAN** | Vertragsschluss (AN) |

**Tabelle 3.2:** Abkürzungen der Vorgehensbausteine

Zur Unterstützung der Entscheidungen, wie die einzelnen Projektmerkmale zu belegen sind, zieht der Projektleiter folgende Informationen heran:

- Vorgaben und Richtlinien im Unternehmen
- Vorgaben durch den Auftraggeber (siehe *Vertrag*)
- Informationen aus den Produkten *Projektvorschlag* bzw. *Bewertung der Auschreibung*
- Beschreibung des Bausteins im V-Modell

In der Praxis erweist sich die Ja/Nein-Entscheidung zu einem Vorgehensbaustein als problematisch, wenn Themen zwar bearbeitet werden sollen, das Instrumentarium des zugehörigen Bausteins aber als übertrieben angesehen wird. Der Projektleiter hat nun die Wahl:

1. ein Thema zu berücksichtigen, ohne den hierfür erforderlichen Vorgehensbaustein auszuwählen (z. B. Ergonomiebetrachtung im Oberflächendesign ohne Wahl des Bausteins *Benutzbarkeit und Ergonomie*).
2. einen optionalen Vorgehensbaustein in das Projekt zu übernehmen, dessen Inhalte aber auf den gewünschten bzw. notwendigen Umfang abzuspecken (z. B. vereinfachte Untersuchungen im Vorgehensbaustein *Systemsicherheit*).

Mit der Auswahl eines Projekttyps, einer Projekttypvariante und der Belegung der angebotenen Projektmerkmale ist das projektspezifische V-Modell festgelegt. Der Projektleiter weiss nun, welche Rollen zu besetzen und welche Produkte zu erstellen sind. Weiterhin ist die konkrete Projektdurchführungsstrategie festgelegt, die den groben Ablauf definiert. Die Projektdurchführungsstrategien für AG/AN- und reine AN-Projekte umfassen – je nach Tailoring – eine Reihe von *Entwicklungsstrategien*, also konkreten Abläufen von Entwicklungsschritten:

- Inkrementelle Systementwicklung,
- Komponentenbasierte Systementwicklung und
- Prototypische Systementwicklung

Jede Entwicklungsstrategie ermöglicht die Vergabe von Unteraufträgen und den Einkauf von Fertigprodukten im Projekt. Welche Strategie sich für welche Projektsituation besser eignet ist in Tabelle 3.3 dargestellt.

| Eignung wenn… | Optionen: |
|---|---|
| *Inkrementelle Systementwicklung*<br>– bekannte Anforderungen<br>– geringe techn. Risiken | – Eigenentwicklung<br>– Fertigprodukte<br>– Unteraufträge |
| *Komponentenbasierte Systementwicklung*<br>– Fertigkomponenten<br>– geringe techn. Risiken<br>– Wiederverwendung | – Eigenentwicklung<br>– Fertigprodukte<br>– Unteraufträge |
| *Prototypische Systementwicklung*<br>– hohe techn. Risiken<br>– konkrete Lösung offen | – Prototyping<br>– Vorstufe für normale SE<br>– Fertigprodukte<br>– Unteraufträge |

**Tabelle 3.3:** Eignung und Optionen von Entwicklungsstrategien

**Neu in der Version 1.3**

Die *prototypische Systementwicklung* löst die *agile Systementwicklung* ab und ist nicht mehr standardmäßig auswählbar. Damit in einem Projekt eine Prototypentwicklung stattfinden kann, muss nun das Projektmerkmal *Prototypentwicklung* mit dem Wert „Ja" belegt werden.

Durch den Rahmen, den die Projektdurchführungsstrategie bereitstellt, sind diese Entwicklungsstrategien auch miteinander kombinierbar. Der beste Zeitpunkt, um im Projektablauf von einer Entwicklungsstrategie auf eine andere zu wechseln ist der Entscheidungspunkt *Iteration geplant*. Dieser stellt den Eintritt in einen neuen, definierten Entwicklungsabschnitt dar. Der Wechsel an diesem Entscheidungspunkt wird im Planungsmodul des Projektassistenten unterstützt (siehe Abb. 3.3).

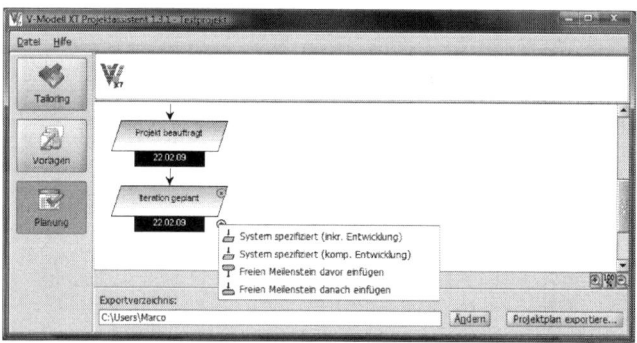

**Abb. 3.3:** Auswahl einer Entwicklungsstrategie für den nächsten Entwicklungsabschnitt im Projektassistenten

Ein Beispiel für die Kombination mehrerer Entwicklungsstrategien ist ein Projekt, in dem im Verlauf der ersten Iteration mit Hilfe von Prototypen die Anforderungen präzisiert werden um dann in den nachfolgenden Iterationen mit einer iterativen Entwicklung diese umzusetzen.

Für die Projekttypvarianten zur *Wartung und Pflege*, sowohl im AN- als auch im AG/AN-Projekttyp, gibt es jeweils nur eine Entwicklungsstrategie. Tabelle 3.4 zeigt auch für diese die Eignungskriterien und Optionen.

| Eignung wenn... | Optionen: |
|---|---|
| *Wartung und Pflege von Systemen* | |
| – Patches oder | – flexibler SE-Start |
| – Aktualisierungen... | – Eigenentwicklung |
| – geringe techn. Risiken | – Fertigprodukte |
| | – Unteraufträge |

**Tabelle 3.4:** Eignung und Optionen für die Wartung und Pflege

### 3.3.2 Rollenbesetzung

Aus dem *Teil 4: Referenz Rollen* im projektspezifischen V-Modell erfährt der Projektleiter, welche Rollen im Projekt zu besetzen sind und welche Fähigkeiten und Kenntnisse geeignete Personen mitbringen sollten. Im Abgleich mit den Profilen der zur Verfügung stehenden Projektmitarbeiter erarbeitet er nun eine optimale Rollenbesetzung. Dabei kann eine Person natürlich mehere Rollen ausüben und eine Rolle mehreren Personen zugewiesen sein. Es gelten allerdings folgende Einschränkungen (siehe auch Abschnitt 3.2):

- Es gibt stets genau einen Projektleiter im Projekt.
- Projektleiter und QS-Verantwortlicher dürfen nicht derselben Person zugeordnet sein.
- Projektleiter und Projektmanager (bzw. Lenkungsausschuss) dürfen nicht derselben Person zugeordnet sein. Ist der Projektleiter im Lenkungsausschuss, so sollte er dort zumindest keine alleinige Entscheidungsbefugnis haben.

Für alle wichtigen Rollen im Projekt, zumindest aber für den Projektleiter und den QS-Verantwortlichen werden geeignete Vertreter festgelegt.

**Hinweis:** Ebenso wie bei den Produkten könnte man auch an dieser Stelle von *externen* Rollen sprechen. Der Projektmanager ist aus Sicht des Projektes extern und daher sind auch Produkte extern, für die er verantwortlich ist (etwa: der Projektvorschlag). Mit diesem Verständnis kann ein Projekt mit lediglich zwei Personen V-Modell-konform durchgeführt werden.

### 3.3.3 Vorlagen generieren

Der Projektassistent bietet die Möglichkeit, zu allen im Projekt zu erstellenden Produkten passende Dokumentvorlagen zu generieren (siehe Kapitel 2.2).

**Hinweis:** Zum Produkt Besprechungsdokument wird es im Projekt mehrere Exemplare geben. Es ist also sinnvoll, die vom Werkzeug angelegte Verzeichnisstruktur nur als Ordner für Vorlagen zu verwenden und nicht direkt in diesem Verzeichnis die Projektergebnisse abzulegen.

Die Generierung von passenden Vorlagen ist ein komfortabler Weg, da die Struktur der Dokumente durch das Tailoring deutlich beeinflusst wird. So kann es im aktuellen V-Modell ca. 50 unterschiedliche Varianten des Projekthandbuchs geben. Welche genau für ein Projekt benötigt wird, ergibt sich durch das Tailoring. Wenn sich der Projektleiter beispielsweise für die Nutzung des Vorgehensbausteins *Kaufmännisches Projektmanagement* entscheidet (oder hierzu verpflichtet wird), so findet sich im Projekthandbuch ein Kapitel *Organisation und Vorgaben zum kaufmännischen Projektmanagement* – ansonsten nicht.

### 3.4 Das Projekthandbuch

Im nächsten Schritt legt der Projektleiter die organisatorischen Rahmenbedingungen des Projekts fest und damit

insbesondere, welche Managementprodukte zu erstellen
sind und wann sie vorliegen müssen.

**Hinweis:**  Auf diese Weise bestimmt er weitreichend den Aufwand, der
im Bereich Projektmanagement betrieben wird.

Als Grundlage für die Ausgestaltung dient die erzeugende Produktabhängigkeit für das Management in Abb. 3.4.
Der Einfachheit halber blendet der Projektleiter die Produkte aus, die bereits durch das Tailoring aus dem Projekt
genommen wurden.

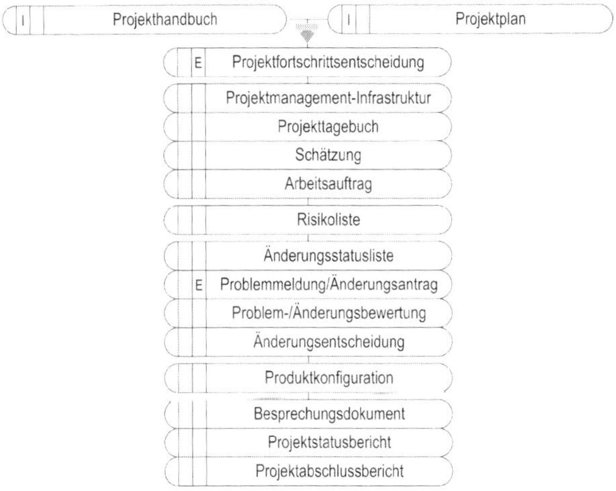

**Abb. 3.4:** Erzeugende Produktabhängigkeiten im Management

Die Organisation des Projekts mit den diversen Vorgaben
und Richtlinien sind im *Projekthandbuch* dokumentiert.
Diesem kommt somit ein hoher Stellenwert als zentrale
Informationsquelle für das Projekt zu.

**Hinweis:** Der Nutzen eines guten Projekthandbuchs kann schwerlich
überschätzt werden. Den Projektleiter zwingt es, sich mit allen entscheidenden Themen der Projektorganisation ausein-
ander zu setzen – auch Randthemen wie Konfliktmanagement oder Backup-Strategien gehen in der hektischen Projektvorbereitung nicht unter. Dem Projektteam dient das Dokument als Leitfaden. Es sollte mit der Zielsetzung verfasst
sein, dass ein Außenstehender nach seiner Lektüre in die
Lage versetzt wird, im Projekt mitzuarbeiten.

**Aufbau und Inhalte**

In den folgenden Abschnitten werden die Kapitel des Projekthandbuchs, soweit an dieser Stelle relevant, vorgestellt und ihre Auswirkung auf den Umfang der zu erstellenden Dokumentation abgeschätzt. Bei jedem Kapitel
finden sich Hinweise auf die erzeugten Produkte. Diese
Aufstellung ist allerdings nicht vollständig, da durch das
Tailoring weitere Vorgehensbausteine im Projekt relevant
werden können, die hier nicht berücksichtigt sind.

**Projektüberblick, Projektziele und Erfolgsfaktoren.** Dieses
Kapitel enthält eine prägnante Aufzählung der Projektziele und -inhalte und hilft bei der Einstufung des Projekts. Die Inhalte können aus den Produkten Projektvorschlag bzw. Bewertung der Ausschreibung übernommen
und bei Bedarf noch gekürzt werden.

**Projektspezifisches V-Modell.** Dieses Kapitel dokumentiert das Ergebnis des Tailorings, wie es vom Projektleiter
durchgeführt wurde. Wurde der Mechanismus der Projektmerkmale genutzt (siehe Abschnitt 2.1), finden sich
hier die relevanten Projektmerkmale mit dem gewählten

Wert (z. B. Kaufmännisches Projektmanagement: Ja) sowie eine aussagekräftige Begründung.

**Hinweis:** Nutzt der Projektleiter die Vorlage für das Projekthandbuch, die der Projektassistent generiert hat, sind die Tailoringergebnisse bereits in diesem Kapitel dokumentiert.

Mithilfe der Begründungen kann auch zukünftig beurteilt werden, ob das Tailoring auch in einer geänderten Projektsituation noch stimmig ist.

**Abweichungen vom V-Modell.**    Zu den denkbaren Abweichungen vom Standard gehören z. B. Unterschiede in der Terminologie, abweichende Aufteilungen von Informationen auf Dokumente, die Erstellung zusätzlicher Dokumente oder Anpassungen in der Projektdurchführungsstrategie.

Darüber hinaus ist an dieser Stelle vermerkt, wenn in einem Projekt ein Produkt nicht erarbeitet werden soll, das im Standard als *inital* markiert ist. Eine solche Festlegung stellt eine Abweichung dar, da im V-Modell die Erarbeitung aller initialen (nicht externen) Produkte verbindlich vorgeschrieben ist:

- Projekthandbuch
- QS-Handbuch
- Projektplan
- Produktbibliothek
- Anforderungen (Lastenheft)
- Anforderungsbewertung
- Gesamtsytemspezifikation (Pflichtenheft)

**Beispiel:** Ein Beispiel ist die Entscheidung, in einem Auftraggeberprojekt das Produkt *Anforderungsbewertung* nicht zu erstellen, etwa weil das Projekt nur einen kleinen Umfang aufweist.

**Projektdurchführungsplan.** Die Entscheidungspunkte im Projektablauf und ihre Termine sind hier überblickartig aufgeführt (siehe Projektplanung in Abschnitt 3.5).

**Hinweis:** Dieses Kapitel ist bereits in der Vorlage vollständig befüllt, wenn Planung und Vorlagengenerierung mit dem Projektassistenten durchgeführt wurden.

Zu jedem Entscheidungspunkt wird eine Entscheidung über das weitere Vorgehen im Projekt getroffen, die in der Projektfortschrittsentscheidung dokumentiert wird. Der Projektmanager ist für dieses Produkt verantwortlich, dokumentiert hiermit aber lediglich den Beschluss des Lenkungsausschusses. Ist im Projektdurchführungsplan festgelegt, dass zwei oder mehrere Entscheidungspunkte im Rahmen desselben Treffens abgehandelt werden, so reicht die Erstellung einer einzigen Projektfortschrittsentscheidung.

*Erzeugte Produkte* | Projektfortschrittsentscheidung

**Mitwirkung und Beistellung des Auftraggebers.** Die Inhalte dieses Kapitels finden sich im Projekthandbuch des Auftragnehmers und können bei der Erstellung des Dokuments direkt aus dem Vertrag übernommen werden.

**Vorgaben für das Projekthandbuch des Auftragnehmers.** Dieses Kapitel im Projekthandbuch des Auftraggebers ist Grundlage für die Ausschreibung, ein späteres Angebot sowie den Vertrag. Hier ist festgehalten, auf welche Rahmenbedingungen für die Projektdurchführung des Auftragnehmers vorgegeben sind. Dazu können Verpflichtungen zum Tailoring ebenso gehören wie Vorgaben zur Berichterstattung oder zum Konfigurationsmanagement.

**Beispiel:** „Der Auftragnehmer hat den Vorgehensbaustein *Systemsicherheit* beim Tailoring zu berücksichtigen."

„Zu jedem Entscheidungspunkt, spätestens aber nach einem Monat, hat der Auftragnehmer einen Projektstatusbericht vorzulegen."

„Die für den Auftraggeber relevanten Produkte sind in das Konfigurationsmanagement CVS beim Auftraggeber an vorgesehener Stelle einzupflegen."

**Organisation und Vorgaben zum Projektmanagement.** Die Organisation des Projektmanagements umfasst die Festlegung der Infrastruktur, also die Beschreibung der zu nutzenden Werkzeuge und Hilfsmittel (etwa: Mailinglisten, Planungswerkzeuge etc.). Außerdem wird definiert, wann die regelmäßigen Projekttreffen stattfinden, ob ein Projekttagebuch geführt wird und wie mit Arbeitsaufträgen umgegangen wird.

**Hinweis:** Ein Projekttagebuch protokolliert relevante Entscheidungen im Projekt und bietet sich beispielsweise an, wenn ein Wechsel des Projektleiters absehbar ist.

Darüber hinaus trifft der Projektleiter in diesem Kapitel Entscheidungen über den Rhythmus, in dem der Projektplan aktualisiert wird, wie die Projektplanung im Detail ablaufen soll und welche weiteren Ergebnisse zu erstellen sind. Dazu gehört gemäß V-Modell auch die Schätzung, über die Umfang und Aufwand gleichermaßen veranschlagt werden können.

Etwas sperrig ist der Begriff des Arbeitsauftrags, der fast nur im behördlichen Umfeld auf ein Dokument abgebildet werden kann, ohne das niemand mit der Arbeit anfängt. Mit dem Begriff ist eine Aufgabe überschaubaren

Umfangs gemeint und mit dem Dokument eine Liste, in der diese Aufgaben verwaltet und ihre Durchführungen protokolliert werden. Arbeitsaufträge sind feiner als Aktivitäten. Einfach gesagt könnte eine Tätigkeit dann ein Arbeitsauftrag sein, wenn sie zu kurz und zu einfach ist, um im Projektplan verwaltet zu werden.

Aufgabenmanagement...

Geläufig sind auch die Synonyme *Action Item* oder *Work Item* und eine Action-Item-Liste kann ebenso einfach wie effizient mit Excel verwaltet werden. Dazu werden z. B. folgende Spalten angelegt:

- Datum der Erfassung
- Datum der geplanten Umsetzung
- Beschreibung des Action-Items
- Zustand (etwa: *geplant*, *verzögert* und *abgeschlossen*)
- Verantwortlicher

Der Umgang mit dieser Liste könnte nun wie folgt festgelegt werden: Zu jedem Projekttreffen geht das Team als festem Agendapunkt die Liste gemeinsam durch, hakt erledigte Arbeitsaufträge ab und stellt nicht erledigte auf den Zustand „verzögert". Werden im Verlauf des Treffens neue Arbeitsaufträge definiert, so werden sie in die Liste mit aufgenommen und später, zusammen mit dem Protokoll, an die Beteiligten versendet.

| *Erzeugte Produkte* | Projektmanagement-Infrastruktur, Projekttagebuch, Arbeitsauftrag, Schätzung |

**Organisation und Vorgaben zum Risikomanagement.** Das Ziel des Risikomanagements besteht darin, frühzeitig und methodisch Chancen und Risiken für den Projekterfolg zu erfassen, zu bewerten und ihren Auswirkungen auf das Projekt mithilfe geeigneter Maßnahmen entgegenzuwirken. Damit ist eine Abgrenzung zum Risikomanagement im Baustein Systemsicherheit gegeben, bei dem es um Risiken beim späteren Betrieb und der Nutzung eines Systems geht.

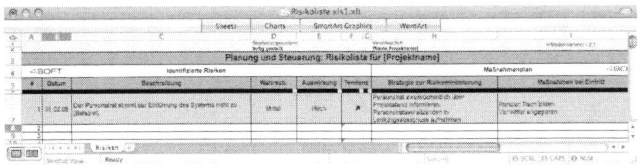

**Abb. 3.5:** Beispielhafte Ausgestaltung einer Risikoliste

---

Risikolisten...

Ähnlich zur Liste der Arbeitsaufträge kann auch die *Risikoliste* einfach mit einer Excel-Tabelle verwaltet werden (Abb. 3.5). Die Spalten sind hier die folgenden:
- Datum der Erfassung
- Beschreibung des Risikos
- Wahrscheinlichkeit
- Auswirkung auf das Projekt (*gering*, *mittel*, *hoch*)
- Geplante Maßnahmen (Verweis auf Arbeitsauftragsliste)
- Wirksamkeit der Maßnahmen

---

Das Verfahren kann ebenso einfach gehalten werden: Bei jedem Projekttreffen geht das Team gemeinsam die Liste der bekannten Risiken durch und bewertet die Wirksamkeit der getroffenen Maßnahmen. Anschließend fragt der Projektleiter in die Runde, ob neue Risiken bekannt geworden sind und erfasst diese in der Risikoliste. Nun wird jedes Risiko bewertet und mit Maßnahmen ergänzt, die das Eintreffen des Risikos mindern. Auf ganz ähnliche Weise verläuft die Erfassung, Bewertung und Verwaltung der Chancen im Projekt.

*Erzeugte Produkte* | Risikoliste

**Organisation und Vorgaben zum Problem- und Änderungs-
management.** Nicht immer läuft alles nach Plan. In jedem Projekt tritt Unerwartetes auf und es ist der Vorteil des Problem- und Änderungsmanagements, dass mit
neuen Situationen auf methodische Art und Weise umgegangen wird. Dennoch macht es Sinn, dass der Projektleiter festlegt, welche Änderungen über das *formale* Änderungsmanagement abgehandelt und welche auch unmittelbar durchgeführt werden dürfen.

**Beispiel:** Diese Grenze könnte z. B. anhand des Reifegrads eines
Produkts festgemacht werden und in folgender Festlegung
resultieren: „Änderungen an bereits fertiggestellten Produkten müssen über das formale Problem- und Änderungsmanagement abgewickelt werden". Eine Alternative dazu wäre
die Berücksichtigung des Aufwands der Einarbeitung.

Das formale Problem- und Änderungsmanagement beginnt beim Eintreffen einer Problemmeldung bzw. eines
Änderungsantrags. Er wird erfasst, in die Änderungsstatusliste aufgenommen, in einer Problem-/Änderungs-
bewertung analysiert und hinsichtlich des Umsetzungs-
aufwands und der Auswirkungen auf das Projekt hin
beurteilt. Diese Bewertung soll den Charakter und die
Qualität einer Entscheidungsgrundlage haben, sodass das
entscheidende Gremium (z. B. das Change Control Board)
beurteilen kann, wie mit der Meldung weiter verfahren
wird. Diese Entscheidung wird in Form einer Änderungs-
entscheidung dokumentiert. Diese Produkte könnten z. B.
auch in Excel-Tabellen verwaltet werden. In den meisten Fällen bietet sich aber ein Bugtracking-System an, wie
es aus dem Bereich der Softwareentwicklung bekannt ist.

| *Erzeugte Produkte* | Problemmeldung/Änderungsantrag, Änderungsstatusliste, Problem-/ Änderungsbewertung, Änderungsentscheidung |

**Org. und Vorgaben zum Konfigurationsmanagement.** Im Konfigurationsmanagement geht es prinzipiell um die Verwaltung der Produktbibliothek mit allen Produkten. Unter einer Konfiguration wird dabei eine in sich stimmige Zusammenstellung aller relevanten Produkte in den jeweiligen Versionsständen verstanden.

**Beispiel:** Eine Produktkonfiguration wird z. B. zu jedem geplanten Entscheidungspunkt erzeugt. Es wird festgelegt, welche Produkte in welchem Versionsstand Teil der Konfiguration werden. Basis für diese Entscheidungen sind die Abhängigkeiten zwischen den Produkten gemäß V-Modell und die Informationen aus der Qualitätssicherung (etwa: „Das Pflichtenheft Version 1.2 ist konsistent zum Lastenheft Version 1.1").

Ein reines Versionsverwaltungssystem, z. B. CVS, wird diesen Anforderungen noch nicht gerecht, da die Abhängigkeiten zwischen den Produkten nicht verwaltet werden können. Hier bietet es sich an festzulegen, dass Abhängigkeiten zu anderen Produkten explizit unter Nennung der Version im Dokument hinterlegt werden.

| *Erzeugte Produkte* | Produktkonfiguration |

**Berichtswesen und Kommunikationswege.** In diesem Kapitel ist nun festgelegt, wann welche Berichte zu erstellen sind (und von wem) und an wen sie verteilt werden. Diese Informationen können sehr einfach in Form einer

Tabelle hinterlegt werden, wie sie in Tabelle 3.5 dargestellt ist. Hier läßt sich einfach ablesen, dass der Projektstatusbericht zu jedem Entscheidungspunkt vom Projektleiter erstellt und an den Auftraggeber geschickt wird.

| Produkt | Wann | Von | An |
|---|---|---|---|
| Projektstatusbericht | zu jedem EP | PL | AG |
| Projektabschlussbericht | EP: Projekt abgeschlossen | PL | PM |

**Tabelle 3.5:** Beispielhafte Festlegung für das Berichtswesen

| | |
|---|---|
| *Erzeugte Produkte* | Projektstatusbericht, Projektabschlussbericht, Besprechungsdokument |

## 3.5 Projektplanung

Mit Fertigstellung des Projekthandbuchs ist festgelegt,
welche Managementprodukte zu erarbeiten sind, und so
wendet sich der Projektleiter der Erarbeitung des Projektplans zu, um die zugehörigen Aktivitäten zu terminieren und zu dokumentieren. Der Projektplan stellt im V-
Modell ein zentrales Produkt dar, mit dessen Hilfe Tätigkeiten geplant und zeitliche Abhängigkeiten dargestellt
werden. Ein Rahmengerüst hierfür stellt der *Projektdurchführungsplan* dar, in dem alle Entscheidungspunkte im
Projekt sowie weitere wichtige Meilensteine mit ihren jeweiligen Terminen aufgeführt sind.

**Projektdurchführungsplan.** Die Reihenfolge der geplanten Entscheidungspunkte im Projekt muss der beim Tailoring ermittelten Projektdurchführungsstrategie entsprechen (siehe dazu Abschnitt 1.4). Am einfachsten ist dies

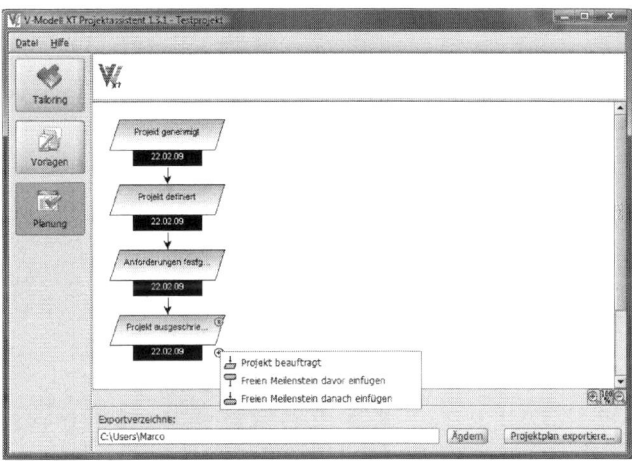

**Abb. 3.6:** Planungsmaske im Projektassistenten

zu gewährleisten, wenn der initiale Meilensteinplan konstruktiv aus der Projektdurchführungsstrategie abgeleitet wird, beispielsweise mithilfe des Projektassistenten. Abb. 3.6 zeigt das Planungsmodul des Projektassistenten. Hier hat der Projektleiter mit der Planung seines Projektes den Entscheidungspunkt *Projekt ausgeschrieben* erreicht. Als Nächstes muss gemäß der Strategie des Auftraggebers der Entscheidungspunkt *Projekt beauftragt* folgen. Der Assistent bietet diesen daher an, der Projektleiter wählt ihn aus und übernimmt ihn mit einem gewünschten Termin in die Meilensteinplanung. Der Name eines

Entscheidungspunkts kann durch einen Doppelklick auf den Entscheidungspunkt auch geändert werden. Der hier definierte Projektdurchführungsplan wird bei der Generierung der Vorlagen automatisch in die Vorlage des Projekthandbuchs übernommen.

---

Tipp:

> Bei der initialen Ausgestaltung des Projektplans muss der Projektleiter wissen, an welcher Stelle im Ablauf das Projekt wie viele Iterationen aufweist. Dies ist bei den „großen" Iterationen einfacher als bei den kleinen, weil sie stets mit einer formalen Abnahme enden und sie daher vertraglich vereinbart sind. Bei den kleineren Iterationen im Projektablauf, die sich noch nicht gut abschätzen lassen, kann ohne Probleme ersteinmal eine Iteration angenommen werden. Stellt sich diese Annahme im weiteren Projektverlauf als nicht ausreichend heraus, kann die Planung wieder angepasst werden.

---

Mit der Fertigstellung des Projektdurchführungsplans ist klar, zu welchem spätesten Zeitpunkt bestimmte Dokumente erstellt werden müssen. Dies ergibt sich aus den Vorgaben des V-Modell. Hier ist beispielsweise festgelegt, dass das Produkt Projekthandbuch zum ersten Mal zum Entscheidungspunkt *Projekt definiert* und dann bei jedem Entscheidungspunkt *Iteration geplant* vorzulegen ist. Nutzt der Projektleiter den Projektassistenten, um die geplanten Meilensteine als konkreten Projektplan zu exportieren, erzeugt der Projektassistent automatisch Aktivitäten für die Fertigstellung der jeweils benötigten Produkte und ordnet sie den richtigen Meilensteinen zu.

**Hinweis:** Eine initiale Rollenzuweisung nimmt der Projektassistent ab der Version 1.3.1 für das Exportformat *Microsoft Project XML* bereits selbstständig vor.

Abb. 3.7 zeigt einen auf diese Weise erzeugten Grobentwurf für einen Projektplan. So findet sich z. B. vor dem

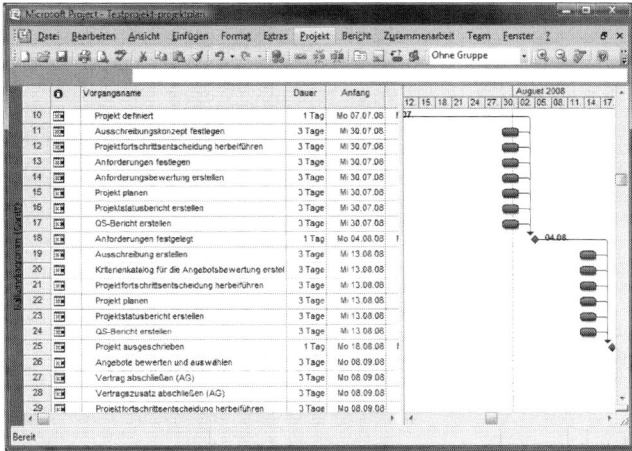

**Abb. 3.7:** Vom Projektassistenten generierter Projektplan

Entscheidungspunkt *Anforderungen festgelegt* die Aktivität *Anforderungen festlegen*, die der Fertigstellung des Lastenhefts dient.

**Was der Planexport leistet.**  Diesem ersten Entwurf des Plans fehlen (unter anderem) noch die folgenden Details zu einem vollständigen Projektplan:

- Es ist nur die Erstellung jener Produkte geplant, die zu einem der vorgesehenen Entscheidungspunkte fertiggestellt werden müssen (siehe Rückwärtsplanung). Der Plan muss nun noch um Aktivitäten zur Fertigstellung jener Produkte ergänzt werden, die sich über die erzeugenden Produktabhängigkeiten aus anderen Produkten ableiten lassen (Vorwärts-

planung). Das sind z. B. Aktiväten zur Erstellung
von Besprechungsprotokollen oder die Erarbeitung
des Datenbankentwurfs (erzeugt durch die Gesamtsystemspezifikation).

- Das Werkzeug schreibt in den Projektplan Aktivitäten für maximal ein Produktexemplar je Produkttyp
und Entscheidungspunkt. Zusammen mit der Besonderheit, dass das V-Modell teils sehr generische
Produkttypen kennt (etwa: *Prüfspezifikation Systemelement*), verliert der Plan sehr schnell an Übersicht-
lichkeit. Hier hilft es, die Aktivitäten so umzubenen-
nen, dass die zu bearbeitenden Produkte eindeutig
identifiziert werden können (etwa: „Prüfspezifikation Netzteil erstellen"). Sind zudem mehrere Pro-
duktinstanzen zu erarbeiten, kann die eine vorhandene Aktivität einfach kopiert werden.
- In Abstimmung mit dem QS-Verantwortlichen ergänzt der Projektleiter weitere Aktivitäten für die
konstruktiven und analytischen QS-Maßnahmen in
den Projektplan ein (siehe Abschnitt 4.2). Im QS-
Handbuch ist dokumentiert, welche Produkte einer
eigenständigen Qualitätssicherung zu unterziehen
sind – für diese Aktivitäten muss ausreichend Zeit
eingeplant werden.

Sind diese Punkte berücksichtigt, so wendet sich der Projektleiter nun der detaillierten Planung der einzelnen Aktivitäten zu. Für jede Aktivität dokumentiert er Aufwand
(„Wieviel Arbeit steckt in der Aktivität?"), Dauer („Wie
lange benötigt der Bearbeiter dafür?") und die Person, die
diese Aktivität durchführt. All diese Informationen beeinflussen sich gegenseitig. So ist die Fertigstellung des Projektplans ein längerer Prozess, in dessen Verlauf die einzelnen Parameter immer weiter justiert werden.

**Schätzung.** Um zu einer verlässlichen Planung zu kommen, benötigt der Projektleiter eine solide Schätzung, die auch als Produkt im V-Modell zu finden ist. Mit der Schätzung wird der Umfang eines Systems oder eines Systemelements möglichst genau bestimmt und der Aufwand abgeschätzt, der zu seiner Entwicklung notwendig sein wird.

Die Schätzung gehört ebenfalls zu den Dokumenten, deren Erstellung im Projekthandbuch festgelegt und geplant wird (Kapitel „Organisation und Vorgaben zum Projektmanagement").

**Hinweis:** Praktikabel ist die Erstellung einer Schätzung mit Beginn eines Planungsabschnitts. Jedes Entwicklungsprojekt ist in mehrere Planungsabschnitte unterteilt:

Im Normalfall überdeckt der erste Planungsabschnitt die Zeit vom Projektstart bis zu Beginn der ersten Iteration (Projektanbahnung) und weitere Planungsabschnitte entsprechen genau den einzelnen Iterationen – bei größeren Projekten sind aber auch feinere Planungsabschnitte denkbar.

Ein bewährter Weg besteht nun darin, nur den jeweils anstehenden Planungsabschnitt detailliert auszuplanen und die weiteren Abschnitte auf dem Informationsstand des Projektdurchführungsplans (also Auflistung der Meilensteine) zu belassen.

## 3.6 Projektdurchführung

Während der Projektdurchführung hat der Projektleiter eine Vielzahl an unterschiedlichen Aufgaben. Er steuert das Projekt, motiviert das Team und vertritt das Projekt gegenüber den Projektpartnern. Und insbesondere verantwortet er das Projekt im Innenverhältnis gegenüber seinem Lenkungsausschuss.

**Feststellung des Fortschritts.** Zu den vorab festgelegten Entscheidungspunkten präsentiert der Projektleiter die bislang erarbeiteten Ergebnisse, stellt dar, ob und wie weit der Projektfortschritt der Planung entspricht und erhält daraufhin gegebenenfalls vom Lenkungsausschuss „grünes Licht" für die Fortführung des Projekts. Dieses Verfahren ist vorteilhaft für beide Seiten.

**Der Lenkungsausschuss** wird über den Projektfortschritt informiert und kann basierend auf einem Soll/Ist-Vergleich eine solide Entscheidung treffen, wie mit dem Projekt weiter zu verfahren ist.

Solange eine positive *Projektfortschrittsentscheidung* nicht getroffen wurde, sind die Ressourcen für kommende Projektphasen blockiert. Wäre das nicht gefordert, könnte eine Situation entstehen, in der der Lenkungsausschuss den Abbruch eines Projekts entscheidet, aber die erhoffte Kostenersparnis entfällt, weil alle Aufwände bereits aufgebraucht wurden.

**Für den Projektleiter** stellt die Projektfortschrittsentscheidung eine Art von „interner Abnahme" dar. Der Lenkungsausschuss hat den Status des Projekts zur Kenntnis genommen und darüber hinaus erfahren, warum der Projektleiter bestimmte Entscheidungen getroffen hat. Mit der Fortführung des Projekts wird der bisherige Weg anerkannt.

In der Praxis ist eine solch strenge Handhabung der Projektphasen oftmals hinderlich. Mit der Möglichkeit, das Team auch an manchen Stellen „vorarbeiten" zu lassen, verfügt der Projektleiter über mehr Aufwand und erreicht oft eine bessere Auslastung im Team.

Tipp:

> Empfehlenswert ist daher ein Ansatz, bei dem vorab für jeden Ent-
> scheidungspunkt festgelegt ist, ob er die nachfolgenden Arbeiten
> blockiert oder nicht.

Sicherlich wäre der Entscheidungspunkt *Projekt beauftragt*
blockierend oder z. B. auch der Entscheidungspunkt *Abnahme erfolgt*, sofern danach weitere Iterationen folgen.
Diese Festlegung kann gut unternehmensweit getroffen
werden, da sie insgesamt das Zusammenspiel zwischen
Lenkungsausschüssen und Projektleitern charakterisiert.

**Verfahren am Entscheidungspunkt.**  Die Vorbereitung eines Entscheidungspunkts ist im V-Modell nur grob beschrieben. Abhängig vom Projekt, seiner Größe, Vertei-
lung oder des aktuellen Status können verschiede Arten
der Vorbereitung erforderlich sein. Ein mögliches Verfahren zur Vorbereitung gestaltet sich wie folgt:

1. Der Projektleiter stellt sicher, dass alle geforderten
   Produkte fertiggestellt und gemäß den Vorgaben aus
   dem QS-Handbuch qualitätsgesichert wurden.
2. Vorab (mit der Einladung zum Projekttreffen) erhält
   der Lenkungsausschuss einen Projektstatusbericht,
   um sich einen Überblick über den Projektfortschritt
   zu verschaffen. Meist reicht das hier vorgesehene
   Kapitel Qualitätsbewertung aus, um die Qualität der
   Ergebnisse der aktuellen Projektfortschrittsstufe zu
   dokumentieren. Sonst wird der Projektstatusbericht
   durch einen QS-Bericht ergänzt.
3. Beim Treffen werden noch offene Punkte diskutiert
   und der Lenkungsausschuss trifft eine Projektfort-

schrittsentscheidung. Diese besteht prinzipiell aus dem Protokoll des Treffens mit einer abschließenden Entscheidung. Die Entscheidung könnte etwa lauten:

   a) Projektfortschritt

   b) Projektfortschritt unter Auflagen

   c) kein Projektfortschritt (es wird nachgearbeitet und Entscheidungspunkt wird nochmal angesetzt) oder

   d) Projekt wird abgebrochen.

Wird ein Projektfortschritt nur unter Auflagen oder gar nicht erteilt, sind i. d. R. Mängel aufgetreten, die eine Fortführung des Projekts nur mit erhöhten Risiken gestatten. Diese Mängel bzw. der Handlungsbedarf zur weiteren Fortführung sind zu dokumentieren. Adäquate Mittel des V-Modells hierzu sind Arbeitsaufträge und die *Änderungsstatusliste*. In ihr können auch projektinterne Änderungsforderungen aufgenommen werden. Diese sind dann auch dem etablierten Änderungsprozess des Projekts zu unterziehen und entsprechend einzuarbeiten.

---

Tipp:

> Die Durchführung eines Entscheidungspunkts ist – natürlich – mit Aufwand verbunden und so sollte der Projektleiter bewusst von der Möglichkeit Gebrauch machen, mehrere Entscheidungspunkte auf einen Termin zu legen (hierbei darf nur der letzte ein blockierender Entscheidungspunkt sein).

---

Dies ist insbesondere sinnvoll, wenn im Rahmen des Problem- und Änderungsmanagements frühere Ergebnisse angepasst wurden und nun die darauf folgenden Entscheidungspunkte nochmal bestätigt werden sollen.

## 3.7 Projektabschluss

Mit erfolgter Abnahme des Projektes können sich die Projektleiter bei Auftraggeber und Auftragnehmer an den Abschluss ihrer jeweiligen Projekte machen. Hierbei geht es um die Kommunikation an alle Projektbeteiligten, was im Verlauf des Projekts gut und was weniger gut gelaufen ist. Diese *lessons learned* sollen so aufbereitet werden, dass sie zukünftigen Projekten und anderen Projektleitern zur Verfügung stehen. Dass ein Fehler zweimal passiert, soll auf diese Weise wirksam verhindert werden.

---

Tipp:

Das V-Modell XT fordert, dass der Projektabschlussbericht des Auftragnehmers dem Auftraggeber übermittelt wird. Dies ist sinnvoll, um den Auftraggeber zu informieren, wie der Auftragnehmer den Projektverlauf wahrgenommen hat. Andererseits würde der Auftragnehmer in einem solchen Bericht sicherlich nicht sehr selbstkritisch über seine eigene Arbeit reflektieren. Im Zweifelsfall sollten daher zwei Abschlussberichte erstellt werden – einen für intern und einen für extern.

---

# 4 Qualitätssicherung im Projekt

Nach *P* kommt bekanntlich *Q*; so findet sich auch im V-Modell in der Reihenfolge der Vorgehensbausteine *Qualitätssicherung* an zweiter Stelle hinter *Projektmanagement*. Das V-Modell bietet aber über den Vorgehensbaustein hinaus auch an vielen weiteren Stellen Vorgaben und Hinweise, um im Projekt bestmögliche Qualität zu erzeugen.

Dieses Kapitel geht auf die wesentlichen Produkte und Rollen des V-Modell zum Thema Qualität ein. Es zeigt anschließend die zentralen Konzepte und Mechanismen, die das Modell zum Thema enthält. Des Weiteren wird gezeigt, wie sich die Qualitätssicherung in einem Projekt in ein organisationsweites Qualitätsmanagementsystem einbetten lässt. Abschließend werden anhand der zentralen Rolle des *QS-Verantwortlichen* die entscheidenden Vorgänge zusammengefasst.

## 4.1 Begriffsklärung

*Qualität* ist gemäß [1] der „Grad, in dem ein Satz inhärenter Merkmale Anforderungen erfüllt." Dabei kann der Grad der Anforderungserfüllung z. B. als „gut" oder „schlecht" bewertet werden – meist fällt eher schlechte Qualität ins Auge als umgekehrt [8]. „Inhärent" bedeutet in diesem Zusammenhang, dass Qualität immer nur in Bezug auf eine bestimmte Einheit beurteilt werden kann, der Merkmale innewohnen können.

J. Friedrich et al., *Das V-Modell*® *XT*, Informatik im Fokus, 2nd Edn.,
DOI 10.1007/978-3-642-01488-8_4, © Springer-Verlag Berlin Heidelberg 2009

**Beispiel:** Beispielsweise ist die Aussage „Das deutsche System zur
Mauterfassung hat schlechte Qualität, weil es ein Jahr zu
spät fertig wurde" nicht zulässig, weil die Entwicklungsdau-
er am System selbst nicht ersichtlich ist. Dagegen kann
man bezogen auf das Projekt, in welchem das Mautsystem
entwickelt wurde, aufgrund der Verzögerung durchaus von
schlechter Qualität sprechen.

*Qualitätsmanagement* heißt das Steuern einer Organisation
hinsichtlich Qualität und umfasst das Festlegen der Qua-
litätspolitik und der Qualitätsziele, die Qualitätsplanung
und -steuerung, die Qualitätssicherung und die Qualitäts-
verbesserung [1]. *Qualitätssicherung* gibt den Beteiligten
die Sicherheit, dass Qualitätsanforderungen auch erfüllt
werden; dabei kann zwischen konstruktiven und analytischen Maßnahmen unterschieden werden:

- Konstruktive Maßnahmen sollen die Produkterstel-
  lung so beeinflussen, dass das Produkt die gestellten
  Qualitätsanforderungen erfüllt.
- Analytische Maßnahmen dienen zur Bestimmung,
  ob Qualitätsanforderungen erfüllt wurden.

**QM und QS im V-Modell XT.**    Im V-Modell wird durchgän-
gig der Begriff *Qualitätssicherung* verwendet. Gemäß der
hier gegebenen Definition läge damit der Schluss nahe,
dass das Festlegen von Qualitätszielen sowie die Qualitätsplanung und -steuerung nicht im V-Modell enthalten
sind. Diese Schlussfolgerung ist allerdings falsch: Qualitätsmanagement wird oftmals weiter unterteilt in Orga-
nisationsqualitätsmanagement und *Projektqualitätsmanagement*. Das V-Modell versteht unter Qualitätssicherung
nichts anderes als Projektqualitätsmanagement. Bei der
Entwicklung des V-Modell wurde jedoch bewusst auf die
Verwendung des Begriffs Qualitätsmanagement für die-

se Aufgaben innerhalb eines Projekts verzichtet. Dies geschah einerseits aus historischen Gründen (das V-Modell 97 beinhaltete das Submodell *Qualitätssicherung*), andererseits, um Überschneidungen mit der Organisationsebene zu vermeiden.

## 4.2 Produkte und Rollen

Am deutlichsten tritt die Qualitätssicherung im V-Modell durch den gleichnamigen Vorgehensbaustein, der in Abb. 4.1 gezeigt ist, in Erscheinung. Er enthält die grundlegenden, aber nicht alle Inhalte zum Thema. Die in ihm

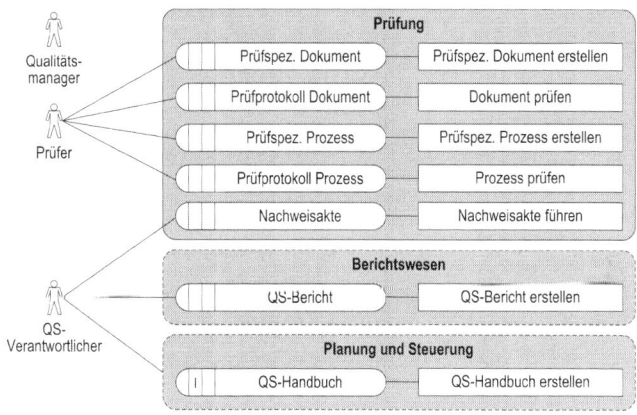

**Abb. 4.1:** Der Vorgehensbaustein Qualitätssicherung

definierte Disziplin *Prüfung* umfasst noch neun weitere Produkte aus vier anderen Vorgehensbausteinen, die je nach Tailoring relevant sind oder nicht. Des Weiteren gibt das V-Modell ein Qualitätsmodell für Produkte vor, das in Kapitel 4.3 näher erläutert wird. An dieser Stelle werden zunächst alle für die Qualitätssicherung relevanten Produkte und Rollen aufgeführt; dabei werden Produkte ausschließlich auf die unter diesem Gesichtspunkt interessanten Themen reduziert. Die Gliederung erfolgt inhaltlich: *Projektexterne Einflüsse* beschreiben Vorgaben für die Qualitätssicherung, die nicht im Projekt selbst erarbeitet werden. *Definition, Planung und Steuerung der Qualität* umfasst Rollen und Produkte, die die Qualitätssicherung planen und steuern. Die sich daran anschließenden Kapitel widmen sich der analytischen Qualitätssicherung; sie zeigen, welche Prüfprodukte wie eingesetzt werden können.

### 4.2.1 Projektexterne Einflüsse

Viele der im Projekt zu erfüllenden Qualitätsanforderungen liegen bereits fest, bevor das Projekt überhaupt existiert. Einerseits kann ein organsiationsweites Qualitätsmanagementsystem diese abstrakt vorgeben, andererseits können sie Bestandteil des Projektvorschlags sein, der für die Genehmigung eines Projekts benötigt wird.

**Qualitätsmanager und QM-Handbuch.**   Das V-Modell geht davon aus, dass ein organsiationsweites Qualitätsmanagementsystem existieren kann, für das der *Qualitätsmanager* zuständig ist. Es beinhaltet jedoch selbst keine Vorgaben für ein solches Qualitätsmanagementsystem, sondern stellt über die angegebene Rolle lediglich eine Schnittstelle bereit. Bei der Erarbeitung der projektspezifischen Qualitätsziele sollen die organisationsweiten Qualitätsziele aus dem *Qualitätsmanagementhandbuch* (QM-Handbuch) berücksichtigt werden (siehe auch Kapitel 4.4). Das

Projekt kann sich also keinen Qualitätsmanager aussuchen. Wenn ein solcher existiert, ist die Rolle besetzt, ansonsten bleibt sie unbesetzt. Damit stellt der Qualitätsmanager eine Ausnahme dar, da in der Regel alle vorhandenen Rollen besetzt werden müssen.

**Hinweis:** Der *Projektvorschlag* ist eine weitere Quelle für Qualitätsanforderungen. Er ist Grundlage für die Genehmigung von Systementwicklungsprojekten. Das Thema *Projektziele und Systemvorstellungen* beinhaltet auch die Qualitätsanforderungen, die schon vor Projektbeginn feststehen.

### 4.2.2 Definition, Planung und Steuerung der Qualität

Im Projekt müssen die externen Vorgaben detailliert und im Allgemeinen ergänzt werden. Die dazu notwendigen Rollen und Produkte werden im Folgenden vorgestellt.

**Der Projektleiter.** Der Projektleiter stellt die wichtigste Person in einem V-Modell-Projekt dar. Er trägt die Hauptverantwortung für den erfolgreichen Abschluss des Projekts und damit für die Erreichung der Projektziele. Da Projektziele auch Qualitätsziele beinhalten, trägt der Projektleiter daher auch die Verantwortung für die Projektqualität.

**Der QS-Verantwortliche.** Projektleiter neigen allerdings dazu, harte Kosten- und Terminziele stärker zu priorisieren als Qualitätsziele. Aus dieser häufig gemachten Erfahrung heraus stellt das V-Modell dem Projektleiter den QS-Verantwortlichen als „Gegenspieler" zur Seite. Dieser ist für die Erfüllung der Qualitätsziele verantwortlich und

im Zusammenspiel mit dem Projektleiter werden so alle
Projektziele mit gleicher Priorität verfolgt.

**Hinweis:** Damit ist auch die Forderung des V-Modells verständlich,
dass die Rollen des Projektleiters und des QS-Verantwortlichen nicht in derselben Person vereinigt werden dürfen, da
damit ein sogenannter *Interrollenkonflikt* [9] bestünde.

**Das QS-Handbuch.**    Das zentrale Produkt des QS-Verantwortlichen ist das QS-Handbuch[1], das unter seiner Verantwortung erstellt wird. Es legt die Qualitätsziele im
Projekt fest und definiert, wie das Projektteam vorgeht,
um diese zu erreichen. Das QS-Handbuch umfasst die folgenden Themen:

- Qualitätsziele und -anforderungen
- Zu prüfende Produkte
- Organisation und Vorgaben zur Qualitätssicherung
  im Projekt
- Organisation und Vorgaben zur Qualitätssicherung
  der Auslieferung
- Vorgaben für die Prüfspezifikation von Fertigpro-
  dukten
- Vorgaben für das QS-Handbuch der Auftragnehmer

*Qualitätsziele und -anforderungen* legen fest, welche Anforderungen erfüllt werden müssen, damit von guter Projektqualität gesprochen werden kann. Zu diesem Thema
gehören dagegen ausdrücklich nicht die Qualitätsanforderungen an den Entwicklungs- bzw. Liefergegenstand,
da diese im Produkt *Anforderungen (Lastenheft)* aufgeführt
werden. Wie der QS-Verantwortliche Qualitätsziele ermittelt, beschreibt Kapitel 4.5.1.

---

1 Im V-Modell 97 hieß das entsprechende Dokument noch QS-Plan, diese Bezeich-
nung wurde aber aufgrund der angestrebten Symmetrie zum Projekthandbuch
aufgegeben.

**Beispiel:** Während im Projekthandbuch unter anderem harte Termin-
und Kostenziele festgesetzt werden, kann hier beschrieben
werden, was gute Qualität im Umgang mit diesen Termin-
zielen ist: Beispielsweise kann hier der Grundsatz festgelegt
werden, dass projektweit Terminverschiebungen um x Tage
mindestens 2·x Tage zuvor bekannt gegeben werden. Die
organisatorischen Details regelt dann das Projekthandbuch.

*Zu prüfende Produkte* sind solche Produkte, die vor ihrer Fertigstellung einer unabhängigen Prüfung bedürfen.
Unabhängig bedeutet hier, dass der Produktverantwortliche nicht selbst entscheiden darf, ob sein Produkt die ge-
setzten Qualitätsanforderungen erfüllt.

*Zu prüfende Prozesse* sind Vorgänge, die im Laufe des Projekts geprüft werden sollen.

**Beispiel:** Hier kann es sich z. B. um ständig wiederkehrende Aktivitäten handeln, die man auf Optimierungspotenzial in der
Durchführungsdauer prüfen möchte. Auch Projektaudits fal-
len in diese Kategorie.

*Organisation und Vorgaben zur QS im Projekt* sind der Kern
des QS-Handbuchs. Hier wird festgelegt, wie die Qualitätssicherung im Detail ablaufen soll. Zur Festlegung,
welche analytischen Maßnahmen ergriffen werden sollen, kommt die Definition der konstruktiven Maßnahmen. Außerdem steht hier, wann *QS-Berichte* zu erstellen
sind.

*Organisation und Vorgaben zur QS der Auslieferung* beschreiben, wie die Qualitätssicherung der Produkte aussieht,
die ein Auftragnehmer an einen Auftraggeber liefert.

**Hinweis:** Diesem Aspekt wurde ein eigenes Thema gewidmet, weil
es für den Auftragnehmer natürlich essenziell ist, eventuelle
Qualitätsmängel bereits im eigenen Haus zu bemerken. Dieses Thema ist nur in Auftragnehmerprojekten vorhanden.

*Vorgaben für die Prüfspezifikation von Fertigprodukten* sollen sicherstellen, dass auch Systembestandteile, die nicht selbst entwickelt werden, von ausreichender Qualität sind.

**Hinweis:** Dieses Thema ist genau dann vorhanden, wenn der Vorgehensbaustein Evaluierung von Fertigprodukten ausgewählt wird. Im Falle eines reinen Auftraggeberprojektes sollten Sie diesem Thema allerdings keine Bedeutung schenken, da es für Auftragnehmer gedacht ist.

*Vorgaben für das QS-Handbuch der Auftragnehmer* dienen dem Auftraggeber dazu, die Ausgestaltung der Qualitätssicherung auf Auftragnehmerseite zu beeinflussen.

**Hinweis:** Die Inhalte dieses Themas werden Bestandteil der Ausschreibung und des Vertrags. Dieses Thema ist nur in Auftraggeberprojekten verfügbar und wenn ein Auftragnehmer Unteraufträge vergibt.

**Der Projektplan.** Das QS-Handbuch ist ein relativ statisches Dokument, das in der Regel nicht täglich überarbeitet wird. Um die Aktivitäten im Projekt planen und steuern zu können, existiert ein aktueller Projektplan, der alle Ressourcen, Arbeitspakete und Meilensteine in einer *integrierten Planung* vereinigt. Dazu zählen auch alle Aktivitäten im Zusammenhang mit der Qualitätssicherung. Das QS-Handbuch macht also durch seine Inhalte Vorgaben, die im Projektplan eingeplant werden.

Tiefe Integration...

Das V-Modell sieht die Qualitätssicherung als essenziellen und wichtigen Bestandteil der Projektplanung an. Dies wird daran deutlich, dass drei der sechs Themen des Projektplans unmittelbar mit der QS verbunden sind, nämlich *Prüfplan Dokumente*, *Integrations- und Prüfplan Systemelemente* und *Prüfplan Prozesse*.

**Der QS-Bericht.** Projektexterne Instanzen wie z. B. der Lenkungsausschuss, der Qualitätsmanager oder der Auftraggeber können oder müssen die Möglichkeit besitzen, steuernd in das Projektgeschehen einzugreifen. Dies kann insbesondere dann der Fall sein, wenn im Projekt Qualitätsprobleme zu Tage treten. Um über den Stand der Qualitätssicherung zu informieren, sieht das V-Modell den *QS-Bericht* vor. Dieser wird in der Verantwortung des QS-Verantwortlichen erstellt und gibt Auskunft über den *Umfang der Prüfungen*, den *Status der einzelnen Prozesse*, aufgetretene *Qualitätsprobleme* und *Maßnahmen zur Behebung* dieser Probleme. Das QS-Handbuch regelt dabei, wann und an wen berichtet werden muss.

---

Tipp:

Obwohl der QS-Bericht in fast jedem Entscheidungspunkt enthalten ist, bedeutet dies nicht, dass das V-Modell seine Erstellung zwingend vorschreibt. Falls der Lenkungsausschuss jedoch auf QS-Berichte besteht, kann der Entscheidungspunkt nur erreicht werden, wenn ein fertiggestellter QS-Bericht vorliegt. Im Übrigen enthält auch der Projektstatusbericht das Thema *Qualitätsbewertung*. Die dort aufgeführten Inhalte sollen eine Zusammenfassung des QS-Berichts darstellen. Man kann selbstverständlich auch eine überblicksartige Qualitätsbewertung erstellen, ohne dazu einen QS-Bericht vorliegen zu haben.

---

### 4.2.3 Die Prüfung im Allgemeinen

Alle bisher beschriebenen Rollen und Produkte dienen lediglich der Planung und Steuerung der Qualitätssicherung und stellen damit den benötigten „Management-Overhead" dar. Der Projektleiter und der QS-Verantwortliche geben zwar die Prüfungen vor, im Allgemeinen sind es aber andere Personen, die diese Prüfungen dann in die Praxis umsetzen.

**Der Prüfer.**    Der Prüfer ist derjenige, der die analytische Qualitätssicherung im Projekt tatsächlich durchführt. Dabei kann in der Regel jedes Projektmitglied irgendwann in die Rolle des Prüfers schlüpfen, nämlich immer dann, wenn es die Qualität eines Produkts nach dem *4-Augen-Prinzip* beurteilen muss und darüber entscheidet, ob das Produkt fertig gestellt werden darf.

---

Tipp:

Es ist nicht sinnvoll und notwendig, bei der Rollenbesetzung am Anfang des Projekts einen einzigen Prüfer zu bestimmen, der dann alle Prüfungen im Projektverlauf durchführen muss. Zielführender ist die Bestimmung von *Prüfkompetenzen* für die Projektmitglieder: Wer ist in der Lage Code zu reviewen und wer hat die notwendige Erfahrung, um die Plausibilität eines Projektplans zu beurteilen?

---

Alle Prüfungen laufen im V-Modell nach dem gleichen Muster ab. Eine *Prüfspezifikation* regelt, was und wie zu prüfen ist, und ein zugehöriges *Prüfprotokoll* beinhaltet die Prüfergebnisse. Abhängig vom Prüfgegenstand heißen die Produkte im V-Modell XT unterschiedlich. In jedem Projekt ist es möglich, Dokumente, Prozesse und Produktkonfigurationen zu prüfen. Folglich existieren die (inhaltlich identischen) Produkttypen:

- Prüfspezifikation/Prüfprotokoll Dokument
- Prüfspezifikation/Prüfprotokoll Prozess
- Prüfspezifikation/Prüfprotokoll Produktkonfiguration

Diese Produkttypen haben allerdings generischen Charakter: In einem Projekt wird es keine gleichlautenden

Produktexemplare geben. Stattdessen werden Produkte wie *Prüfspezifikation Projekthandbuch* (statt *Dokument*) oder *Prüfprotokoll Systemintegration* (statt *Prozess*) existieren.

**Die Prüfspezifikation.** Für jede geplante Prüfung existiert eine Prüfspezifikation. Diese wird vom Prüfer erstellt und beinhaltet die folgenden Themen:

- Prüfobjekt
- Prüfkriterien

*Prüfobjekt* meint eine eindeutige Identifizierung des zu prüfenden Objekts, damit der Prüfer genau weiß, welche Produktversion zu prüfen ist.

*Prüfkriterien* definieren, welche Eigenschaften des Prüfobjekts überhaupt geprüft werden sollen. Am Anfang der Dokumenterstellung könnte z. B. nur hinsichtlich der Gliederungsstruktur geprüft werden, wohingegen einen Tag vor Abgabe vielleicht eher die Rechtschreibung von Relevanz ist.

**Hinweis:** Sind die Kriterien nicht festgelegt, generiert die Prüfung unter Umständen völlig unnötigen Aufwand.

Des Weiteren werden hier die anzuwendenden Prüfmethoden (also z. B. Review) festgelegt und Bedingungen für das erfolgreiche Bestehen bzw. den Abbruch der Prüfung definiert.

**Beispiel:** Ein Abbruchskriterium könnte z. B. wie folgt lauten: „Wenn in Kapitel 2 wichtige Rahmenbedingungen fehlen, dann müsst ihr gar nicht weiterlesen."

Durch die eindeutige Identifizierung des Prüfobjekts in der Prüfspezifikation folgt, dass für jede zu prüfende Produktversion eine neue Prüfspezifikation erstellt werden muss. Dies klingt zunächst nach unnötiger Arbeit. Es ist jedoch nicht immer möglich, die Prüfkriterien über die Zeit unverändert zu lassen, d.h., es ist im Allgemeinen sinnvoll, für jede Produktversion eine eigene Prüfspezifikation zu fordern. In der Praxis wird es sicherlich so aussehen, dass eine Prüfspezifikation für ein Produkt einmal entwickelt wird und dann über die Zeit nur fortgeschrieben und jeweils leicht angepasst wird. Insbesondere in Entwicklungsprojekten, in denen z. B. Unit-Tests als Prüfspezifikationen verwendet werden, ist das anzutreffen, da hier der Code verändert wird, um die Testfälle zu erfüllen – nicht umgekehrt.

---

Tipp:

> Gemäß V-Modell darf der Prüfer eines Produkts nicht der Ersteller selbst sein. Streng genommen dürfte also auch die Prüfspezifikation nicht vom Produktverantwortlichen erstellt werden, da er dafür ja schon in die Rolle des Prüfers schlüpfen würde. In der Praxis ist es aber manchmal unvermeidlich, dass der Produktverantwortliche selbst auch die Prüfspezifikation erstellt, da manchmal nur er festlegen kann, welche Prüfkriterien sinnvoll sind. Ein gutes Vorgehen könnte dann sein: Der Produktverantwortliche erstellt die Prüfspezifikation, der QS-Verantwortliche segnet sie ab und der Prüfer prüft gemäß Spezifikation.

---

**Das Prüfprotokoll.** Die Prüfung eines Produktes an sich (und damit die Erstellung eines Prüfprotokolls) darf dagegen nicht durch den Produktersteller selbst durchgeführt werden. In der Regel möchte niemand mangelnde Qualität erzeugen [8]: Der Ersteller geht also selbst davon aus, dass das von ihm erstellte Produkt von guter Qualität ist. Eventuell vorhandene Mängel lassen sich viel leichter durch einen unabhängigen Beobachter entdecken. Diese

Vorgehensweise wird gemeinhin als *4-Augen-Prinzip* bzw. als *Mehr-Augen-Prinzip* bezeichnet. Der Prüfer eines Produktes erstellt immer ein Prüfprotokoll, das durch folgende Themen strukturiert ist:

- Prüfobjekt
- Prüfergebnisse
- Ergebnisanalyse und Korrekturvorschläge

*Prüfobjekt* bezeichnet die eindeutige Identifizierung des zu prüfenden Objekts, damit nachvollziehbar ist, worauf sich die Ergebnisse beziehen.

*Prüfergebnisse* sind die durch die Prüfung entdeckten Fehler und Mängel und gegebenenfalls eine Beschreibung, wie diese reproduziert werden können.

*Ergebnisanalyse und Korrekturvorschläge* enthält Hinweise, woher Qualitätsmängel aus der Sicht des Prüfers stammen und wie diese eventuell behoben werden können.

---

Tipp:

Insbesondere ist die Beschreibung von erkannten Fehlermustern sinnvoll. Ein solches Fehlermuster könnte beispielsweise sein: In einem Lastenheft wurde generell bei der Beschreibung der Use Cases vergessen die Nachbedingung zu beschreiben. Statt jedes Fehlen einzeln anzustreichen ist es hier sinnvoller, das Muster zu erkennen und dementsprechend allgemeingültige Hinweise zu geben.

---

**Die Nachweisakte.**    Auch Gesetze oder Verträge können die Durchführung von Prüfungen vorschreiben. So fordern Auftraggeber oft einen erfolgreichen Integrationstest auf Seiten des Auftragnehmers, bevor sie ihm erlauben, das System in ihre eigene Umgebung zu integrieren.

Für die Entwicklung von Hardware gelten darüber hinaus gesetzliche Vorgaben (z. B. hinsichtlich der elektromagnetischen Verträglichkeit der entwickelten Bauteile), deren Erfüllung durch eine unabhängige Prüfstelle wie den TÜV bestätigt werden muss. Die *Nachweisakte* dient dem Nachweis durchgeführter Prüfungen. Im QS-Handbuch wird entschieden, ob das Führen einer Nachweisakte notwendig ist. Sie wird vom QS-Verantwortlichen geführt und beinhaltet die Notwendigkeit und Zuordnung der Nachweise sowie eine *Auflistung der Nachweise*.

### 4.2.4 Prüfung von Systemelementen

In einem Systementwicklungsprojekt ist die Prüfung des Systems und seiner Bestandteile eine der wichtigsten Aufgaben der QS. Der QS-Verantwortliche hat in der Regel nicht die notwendige Detailkenntnis über die Systemstruktur, um diese Maßnahmen gut und sinnvoll planen und steuern zu können. Das V-Modell sieht hier die Architekten in der Verantwortung.

**Die Architekten.**    Die Architekten kennen sich am besten mit dem Aufbau und der Abhängigkeitsstruktur des Systems aus. Die hier pauschal als *die Architekten* benannte Personengruppe umfasst drei konkrete V-Modell-Rollen, nämlich

- den Systemarchitekten,
- den HW-Architekten und
- den SW-Architekten.

Diese drei Rollen besitzen ähnliche Fähigkeitsprofile und Verantwortlichkeiten, weswegen sie hier zusammengefasst und im Folgenden nur noch als *die Architekten* bezeichnet werden. Den Architekten kommt die zentrale Rolle im Systementwurf und der Systemspezifikation zu. Ihre Aufgabe ist es, das System so zu entwerfen, dass geforderte Eigenschaften nicht nur vorhanden, sondern auch prüfbar und nachweisbar sind.

**Das IIPK.** Die Architekten sind verantwortlich für die Architekturen (also *SW-* und *HW-Architektur* sowie *Systemarchitektur* und *Unterstützungssystemarchitektur*) und die dazu gehörigen *Implementierungs-, Integrations- und Prüfkonzepte* (IIPK). Letztere spielen für die Qualitätssicherung eine entscheidende Rolle, da sie die Grundlagen dafür festlegen, wie das System geprüft werden soll (siehe auch Abb. 4.3). In diesem Zusammenhang sind vor allem die beiden folgenden Themen von Interesse:

- Vorgehen zur Prüfung und Prüfstrategie
- Zu prüfende Systemelemente

*Vorgehen zur Prüfung und Prüfstrategie* beinhaltet die Festlegung der Prüfstrategie und eines Prüfprozesses für die in der zughörigen Architektur identifizierten Systemelemente. Mit Prüfstrategie ist z. B. die Realisierung einer vollständigen Codeüberdeckung gemeint; der Test muss in diesem Fall also so ausgelegt sein, dass jedes Stück Code bei der Prüfung mindestens einmal durchlaufen wird. Prüfprozess meint die Festlegung von konkreten Werkzeugen oder Methoden, die während der Prüfung eingesetzt werden sollen.

*Zu prüfende Systemelemente* sind solche, die überhaupt in irgendeiner Weise geprüft werden sollen. Dabei ist die Besonderheit zu beachten, dass begründet werden muss, warum ein Systemelement nicht geprüft werden soll oder kann.

Die Vorgaben des V-Modells sind an dieser Stelle sehr abstrakt und können leicht dahingehend missinterpretiert werden, dass jedes einzelne Systemelement bezüglich *aller* zu erfüllenden Anforderungen geprüft werden muss. Dahinter verbirgt sich allerdings die komplexe Aufgabe der Architekten, die durchzuführenden Prüfungen so festzulegen, dass einerseits alle geforderten Systemeigenschaften nachgewiesen werden, andererseits die Prüfungen aber trotzdem möglichst praktikabel sind und wirtschaftlich durchgeführt werden können.

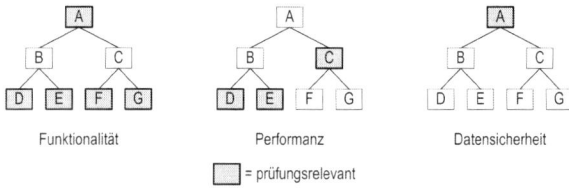

Funktionalität          Performanz          Datensicherheit

☐ = prüfungsrelevant

**Abb. 4.2:** Festlegung der Qualitätssicherungsmaßnahmen auf Basis der Systemstruktur

Abb. 4.2 macht anhand eines Beispiels deutlich, wie diese Vorgaben gemeint sind. Die Abb. zeigt schematisch eine hierarchische Systemstruktur, die aus sieben Systemelementen besteht. Der Architekt soll die durchzuführenden Prüfungen so konzipieren, dass die Umsetzung der Anforderungen hinsichtlich Funktionalität, Performanz und Datensicherheit überprüft werden. Die Abb. zeigt, dass dabei keineswegs jedes Systemelement hinsichtlich aller Kriterien geprüft werden muss. Der Architekt entscheidet sich im Beispiel, zunächst die Funktionalität aller Einzelbestandteile (D-G) und außerdem die Funktionalität auf oberster Ebene (A) zu überprüfen. Für den Nachweis der

Performanz erscheinen ihm vor allem die Systemelemente C, D und E geeignet. Die Erfüllung der Anforderungen hinsichtlich Datensicherheit lassen sich im Beispiel am besten ausschließlich auf oberster Ebene überprüfen. Das Systemelement B wird im Beispiel überhaupt nicht geprüft.

**Integrations- und Prüfplan im Projektplan.** Das Beispiel macht auch deutlich, dass die Vorgaben zur Prüfung in Verbindung mit der Systemintegration schnell komplexe Abhängigkeitsgeflechte ergeben können. Handelt es sich bei F und G beispielsweise um nur einmal hergestellte Hardwarebestandteile, dann kann mit ihrem Zusammenbau, also der Integration zu C, erst begonnen werden, wenn die Funktionsprüfungen durchgeführt wurden. Damit ergeben sich wiederum Abhängigkeiten zum Performanztest von C. Diese Abhängigkeiten müssen in der integrierten Planung im Projektplan natürlich berücksichtigt werden. Der Aspekt ist allerdings so wichtig, dass das V-Modell hierfür im Projektplan das Thema *Integrations- und Prüfplan Systemelemente* vorsieht.

**Prüfprodukte für Systemelemente.** Die Prüfung des Systems und seiner Elemente ist im V-Modell analog zur Prüfung von Dokumenten, Prozessen und Produktkonfigurationen ausgelegt: Jede Prüfung wird zunächst spezifiziert (Abb. 4.3) und während bzw. nach ihrer Durchführung dann protokolliert. Bei Systemelementen kann es außerdem notwendig sein, eine genaue Arbeitsanweisung bzw. eine maschinenverarbeitbare Ablaufspezifikation anzugeben, um z. B. einen Regressionstest zu ermöglichen. Regressionstests liefern reproduzierbare Ergebnis-

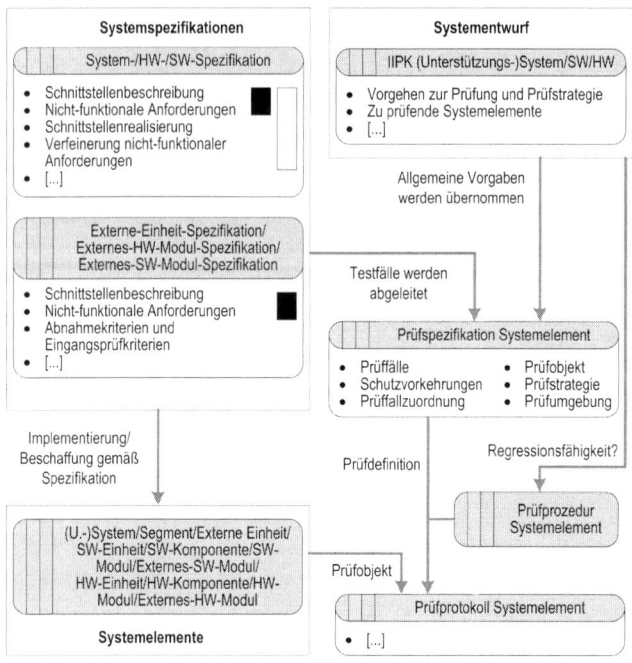

**Abb. 4.3:** Beziehungen zwischen QS-Produkten in der Systementwicklung

se und machen so Änderungen an bereits getesteten Sys-
temelementen im weiteren Projektverlauf weniger fehler-
anfällig [11]. Das V-Modell nennt die Spezifikation von
Regressionstests *Prüfprozeduren*. Insgesamt stehen für die
Prüfung von Systemelementen somit die folgenden drei
Produkttypen zur Verfügung:

- Prüfspezifikation Systemelement

- Prüfprotokoll Systemelement
- Prüfprozedur Systemelement

Das Prüfprotokoll für Systemelemente entspricht im Aufbau den bereits vorgestellten Prüfprotokollen: Es besteht wieder aus der Definition des *Prüfobjekts*, der Auflistung der *Prüfergebnisse* sowie einer *Ergebnisanalyse und Korrekturvorschlägen*.

Die vor der Prüfung zu definierende Prüfspezifikation weist allerdings große Abweichungen zu den bereits bekannten Produkten auf, da sie neben dem bekannten Thema *Prüfobjekt* fünf weitere Themen beinhaltet:

- Prüfstrategie
- Prüffälle
- Schutzvorkehrungen
- Prüfumgebungen
- Prüffallzuordnungen

*Prüfstrategie* meint die Beschreibung, wie die Anforderungen an das Prüfobjekt durch eine geeignete Struktur von Prüffällen abgeprüft werden können und welche Prüf- und Nachweismethoden verwendet werden. So kann z. B. an dieser Stelle auch spezifiziert werden, dass ein Test der elektromagnetischen Verträglichkeit eines Bauteils durch eine unabhängige Prüfstelle wie den TÜV erfolgen muss, oder dass ein bezahlter „Hacker" das System einem Penetrationstest unterziehen soll. Die Inhalte dieses Themas leiten sich aus dem zugehörigen IIPK ab, werden aber detailliert und ergänzt.

*Prüffälle* enthalten die notwendigen Informationen für die Durchführung der konkreten Prüfung. Dabei werden ein Startzustand, ein Prüfablauf und ein erwarteter Endzustand bzw. Endekriterien definiert.

**Beispiel:** Ganz einfach kann ein Prüffall also folgendermaßen aussehen: „Das System ist hochgefahren und betriebsbereit (Startzustand). Die Power-Taste wird betätigt (Prüfablauf). Der Test ist erfolgreich absolviert, wenn das System nach spätestens 10 Sekunden abgeschaltet ist (Endzustand/Endekriterium)."

*Schutzvorkehrungen* sind zu ergreifen, damit der Prüfer und sonstige beteiligte Personen bei der Prüfung nicht zu Schaden kommen. So könnte z. B. bei einem Waffenerprobungstest das Tragen von Gehörschutz hier als notwendige Maßnahme beschrieben werden.

**Hinweis:** Dieses Thema ist nur enthalten, wenn im Tailoring der Vorgehensbaustein *Systemsicherheit* ausgewählt wurde.

*Prüfumgebung* enthält die Beschreibung der Landschaft, in der der Test stattfindet. Dabei kann es sich unter anderem um die Auflistung von für den Test benötigten Werkzeugen handeln. Die Inhalte dieses Themas leiten sich wie die *Prüfstrategie* aus dem zugehörigen IIPK ab.

*Prüffallzuordnung* ist die Verbindung zwischen einzelnen Prüffällen und den in den Produkten *Gesamtsystemspezifikation (Pflichtenheft), Systemspezifikation, SW-Spezifikation* und *HW-Spezifikation* beschriebenen Anforderungen. Je nachdem, auf welcher Ebene des Systems die Prüfung stattfindet, ergibt sich die Verbindung zu einem dieser vier Produkttypen. Aus der hier vorgegebenen Zuordnung kann dann z.B. auch die Püfabdeckung ermittelt werden und mit den im IIPK und QS-Handbuch definierten Werten verglichen werden.

### 4.2.5 Prüfung der Benutzbarkeit

Durch die Auswahl des Vorgehensbausteins *Benutzbarkeit und Ergonomie* kann der Auftragnehmer ergonomische

Aspekte bei der Entwicklung besonders berücksichtigen. Dabei ist auch eine dazugehörige Prüfung der Benutzbarkeit des Systems vorgesehen. Dazu hält das V-Modell die Produkte *Prüfspezifikation Benutzbarkeit* und *Prüfprotokoll Benutzbarkeit* bereit. Hier handelt es sich um Kopien der gerade vorgestellten Produkte zur allgemeinen Prüfung von Systemelementen, die für den Aspekt Benutzbarkeit allerdings nicht überall exakt passen. Aus den zugehörigen Aktivitäten folgt aber, dass sich die Prüffälle aus einer *Anwenderaufgabenanalyse* ergeben und dass die Prüfung „echte" Anwender benötigt.

### 4.2.6 Prüfung der Auslieferung

Bevor der Auftragnehmer System und Dokumentation an den Auftraggeber übergibt, möchte er sicher sein, dass die Lieferung vom Auftraggeber abgenommen wird. Der Auftragnehmer hat dazu das Pflichtenheft erstellt, in der die Anforderungen des Auftraggebers (aus dessen Lastenheft) übernommen und verfeinert wurden.

Wie Abb. 4.4 zeigt, werden auf Grundlage des Pflichtenhefts sowohl Prüfspezifikationen für die auszuliefernden Systemelemente als auch für die auszuliefernde Dokumentation erzeugt, mit denen dann die auszuliefernden Gegenstände geprüft werden. Dadurch wird entschieden, ob die *Lieferung durchgeführt* werden kann.

### 4.2.7 Abnahmeprüfung

Nach der Auslieferung und bevor das entwickelte System eingesetzt werden kann, muss der Auftraggeber die Lieferung abnehmen. Das V-Modell sieht hierfür die Produkte

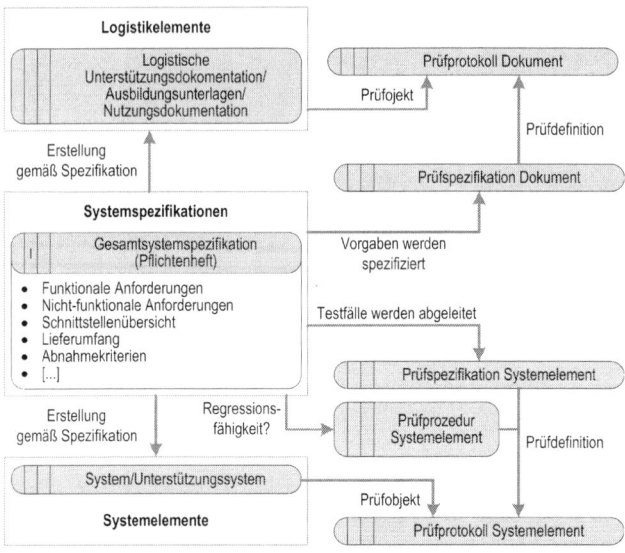

**Abb. 4.4:** Beziehungen von QS-Produkten für die Auslieferung

*Prüfspezifikation Lieferung* und *Prüfprotokoll Lieferung* vor, wie aus Abb. 4.5 ersichtlich wird. Da es sich bei den gelieferten Gegenständen in der Regel um das System und seine Dokumentation handelt, ist es nur logisch, dass die *Prüfspezifikation Lieferung* die Themen der Produkte *Prüfspezifikation Systemelement* und *Prüfspezifikation Dokument* in einem Produkt vereinigt. Unglücklicherweise wurde bei dieser Vereinigung die Themenreihenfolge der beiden Produkte nicht übernommen, so dass die hier beschriebene Struktur nicht auf den ersten Blick ersichtlich ist.

Bei der Abnahmeprüfung überprüft der Auftraggeber, ob die im Lastenheft (und damit im Vertrag) beschriebenen

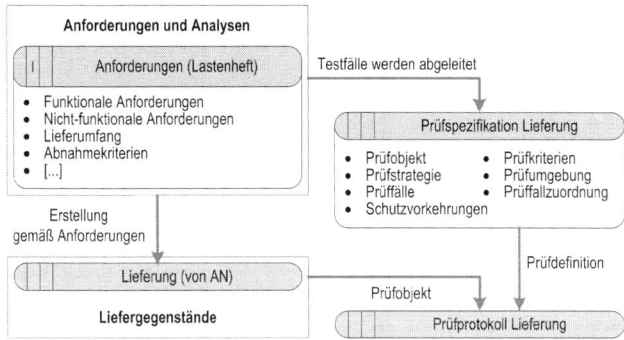

**Abb. 4.5:** Beziehungen zwischen QS-Produkten für die Abnahme

Anforderungen erfüllt werden. Das V-Modell macht den Auftraggeber auch für die Definition der Abnahmekriterien und der Prüfspezifikation verantwortlich. Die oft vorzufindende Praxis, dass der Auftragnehmer die Abnahmekriterien und die Prüfspezifikation der Lieferung formuliert, ist nicht im Sinne des V-Modell. Welche Motivation hat ein Auftragnehmer, ihm bereits bekannte Mängel bei der Abnahmeprüfung aufzudecken? Leider sind viele Auftraggeber heute oftmals nicht in der Lage, Anforderungen festzulegen, Abnahmekriterien zu definieren und Abnahmeprüfungen zu spezifizieren. In diesem Fall ist Unterstützung durch den Auftragnehmer sicherlich besser als gar keine Abnahmeprüfung. Das Ziel des V-Modell ist es, diese Aufgaben unbedingt den Auftraggeber selbst (ggf. unterstützt durch Dritte) wahrnehmen zu lassen.

Die Prüfung der Lieferung hat zwei Aspekte: Einserseits überprüft der Auftraggeber, ob die Lieferung den gestellten Anforderungen entspricht (Verifikation: Hat der Auftragnehmer das System richtig entwickelt?). Andererseits evaluiert er auch, ob die Anwender das System gut finden (Validierung: Haben wir das richtige System in Auftrag gegeben?). Wurden bei der Anforderungsanalyse Fehler gemacht (falsche Anforderungen etc.) oder hat sich die Erwartungshaltung des Anwenders zwischenzeitlich verändert, so wird dies spätestens an diesem Punkt festgestellt. Bei einem iterativen Vorgehen ist genau dann der Zeitpunkt, die Anforderungen zu verändern bzw. zu ergänzen, um bei der nächsten Iteration die spezifizierten Anforderungen mit der Erwartungshaltung der Anwender besser in Übereinstimmung zu bringen.

## 4.3 Unterstützung im V-Modell XT

Das V-Modell legt als produktzentriertes Vorgehensmodell großen Wert auf die Qualität der im Projekt erzeugten Produkte. Als Erfolgsfaktor gilt dabei vor allem die produktübergreifende inhaltliche *Konsistenz*. Die alleinige Aneinanderreihung von – für sich gesehen – hochwertigen Produkten ergibt noch keine hochwertige Produktbibliothek. Dies liegt auf der Hand, denn wenn beispielsweise in einem Projekt im Lastenheft Anforderungen an ein Informationssystem beschrieben werden, das Pflichtenheft aber ein eingebettetes System spezifiziert, dann ist offensichtlich irgendwo im Projektverlauf ein schwerwiegender Fehler passiert.

Bereits anhand von kleinen Projekten mit wenigen Bearbeitern wird klar, dass eine einzelne Person nicht in der Lage ist, die produktübergreifende inhaltliche Konsistenz aller Produkte sicherzustellen. Diese Einzelperson müsste ja dafür das Wissen und Können aller anderen Projektmitglieder in sich vereinen und genug Zeit besitzen, die Arbeiten der anderen nachzuvollziehen. Aus diesem Grund definiert das V-Modell ein relativ hartes und formales Qualitätsmodell: Dieses verteilt die Verantwortung einerseits auf die Schultern aller Produktverantwortlichen, andererseits regelt es aber dennoch eindeutig, wer an welcher Stelle welche Verantwortung für die Gesamtkonsistenz trägt.

---

**Regeln für die Konsistenzsicherung...**

Die wichtigste Regel in diesem Zusammenhang ist, dass die Prüfung der projektweiten Produktkonsistenz bei der Fertigstellung jedes einzelnen Produktes erfolgt. Ein Produkt darf nur fertiggestellt werden, wenn es keinem bereits fertiggestellten Produkt widerspricht. Damit ist jeder Produktverantwortliche in der Pflicht, die projektweite Produktkonsistenz aufrechtzuerhalten. Bei konsequenter Einhaltung dieser Regel ist sichergestellt, dass die Menge aller fertiggestellten Produkte zu jedem beliebigen Zeitpunkt in sich stimmig ist.

---

### 4.3.1 Inhaltliche Produktabhängigkeiten

Die oben gezeigte Regel kann sich in der praktischen Ausgestaltung als schwierig erweisen. Wenn gegen Ende eines Projekts viele fertiggestellte Produkte vorliegen, müsste der Verantwortliche eines dann fertigzustellenden Produkts die Konsistenz zu all den anderen fertiggestellten Produkten prüfen, was kaum praktikabel ist. Bei der Entwicklung des V-Modell wurde deshalb versucht, potenzielle Abhängigkeiten zwischen einzelnen Produkttypen aufzudecken, um den Produktverantwortlichen und Prüfern an dieser Stelle Unterstützung zu bieten. Neben den in Kapitel 3.4 gezeigten erzeugenden Produktabhängigkeiten, definiert das V-Modell noch mehr als 50 sogenannte *inhaltliche Produktabhängigkeiten.*

---

Tipp:

> Die inhaltlichen Produktabhängigkeiten werden in der Dokumentation jeweils aus Sicht der einzelnen Produkte aufgeführt und auch in die Produktvorlagen (siehe Kapitel 2) generiert. Somit kann der Produktverantwortliche bei der Fertigstellung seines Produkts die für die Fertigstellung relevanten anderen Produkte leicht identifizieren und auch am Projektende mit vertretbarem Aufwand für projektweite Produktkonsistenz sorgen.

---

### 4.3.2 Produktzustandsautomat

Im bisherigen Verlauf wurde der Begriff „Fertigstellung eines Produkts" nur informell gebraucht. Das V-Modell definiert dazu einen Zustandsautomaten, der diesen Begriff definiert. Wesentliche Eigenschaft eines Automaten ist eine Menge von vordefinierten Zuständen; zu jedem Zeitpunkt befindet sich der Automat in genau einem dieser Zustände. Zudem ist für jeden Zustand definiert, welche Eingaben bzw. Aktionen zu einer bestimmten Zustandsänderung führen. Der Produktzustandsautomat im V-Modell umfasst die Zustände *in Bearbeitung, vorgelegt* und *fertiggestellt*: Jedes Produktexemplar befindet sich somit zu jedem Zeitpunkt in genau einem dieser drei Zustände. Fertigstellung meint damit einen Zustandswechsel eines Produktexemplars in den Zustand *fertiggestellt*. Wie Abb. 4.6 zeigt, existieren im V-Modell eigentlich zwei Produktzustandsautomaten. In der Regel stehen nur die beiden Zustände *in Bearbeitung* und *fertiggestellt* zur Verfügung, wie aus der linken Seite der Abb. ersichtlich wird.

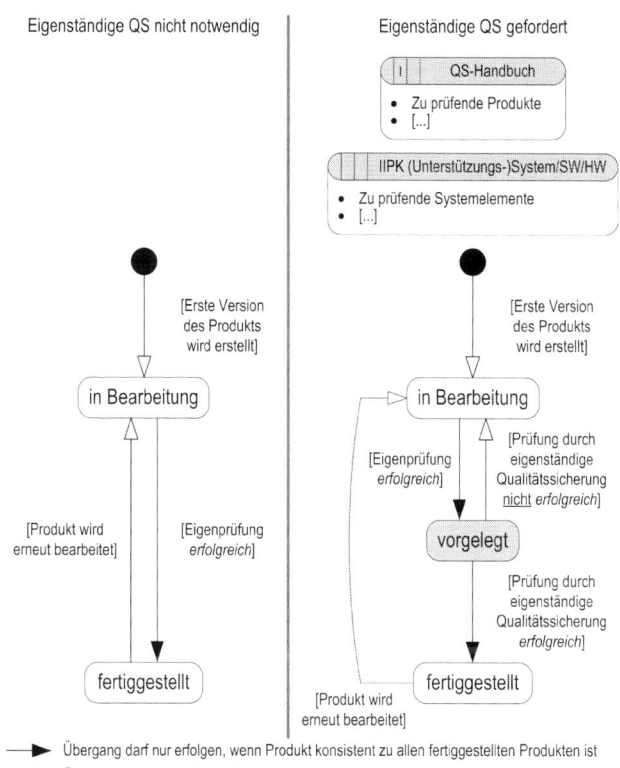

Eigenständige QS nicht notwendig | Eigenständige QS gefordert

QS-Handbuch
- Zu prüfende Produkte
- [...]

IIPK (Unterstützungs-)System/SW/HW
- Zu prüfende Systemelemente
- [...]

[Erste Version des Produkts wird erstellt]

in Bearbeitung

[Produkt wird erneut bearbeitet]    [Eigenprüfung erfolgreich]

fertiggestellt

[Erste Version des Produkts wird erstellt]

in Bearbeitung

[Eigenprüfung erfolgreich]    [Prüfung durch eigenständige Qualitätssicherung nicht erfolgreich]

vorgelegt

[Prüfung durch eigenständige Qualitätssicherung erfolgreich]

fertiggestellt

[Produkt wird erneut bearbeitet]

→ Übergang darf nur erfolgen, wenn Produkt konsistent zu allen fertiggestellten Produkten ist
⇒ Übergang darf aus Sicht der Qualitätssicherung immer erfolgen

**Abb. 4.6:** Zustandsautomaten für Produkte

Der Produktverantwortliche kann hier nach einer Eigen-
prüfung das Produkt selbst fertigstellen. Nur wenn das
Produktexemplar im *QS-Handbuch* oder einem *Implemen-
tierungs-, Integrations- und Prüfkonzept* als zu prüfendes
Produkt ausgewiesen ist, kommen die bereits beschriebe-

nen Mechanismen zur eigenständigen Qualitätssicherung
mittels Prüfspezifikation und Prüfprotokoll zur Anwendung, wie die rechte Seite der Abb. zeigt. Der Produktverantwortliche versetzt das Produkt nach einer Eigen-
prüfung in den Zustand *vorgelegt* und der jeweilige Prüfer entscheidet, ob das Produkt fertiggestellt werden kann
oder nicht. Wichtig ist, dass der Prüfer bei der Fertigstellung in jedem Fall nochmal die Konsistenz zu den bereits
fertiggestellten Produkten prüft, da seit der Prüfung des
Produktverantwortlichen unter Umständen viel Zeit ver-
gangen ist und inzwischen weitere Produkte fertiggestellt
wurden.

### 4.3.3 Anwendung des Qualitätsmodells für Produkte

Da die vorgestellten Mechanismen im V-Modell relativ
abstrakt und theoretisch erscheinen, sollen sie nun anhand eines kleinen Beispiels demonstriert werden. In der
Abb. 4.7 ist auf der linken Seite eine gefüllte Produktbibliothek gezeigt. In ihr befinden sich bereits fertiggestellte Produktexemplare, aber auch solche, die sich aktuell in Bearbeitung befinden. Ein Projektmitarbeiter beginnt mit der Bearbeitung eines neuen Produktexemplars;
es wird angenommen, dass es sich hierbei um eine SW-
Spezifikation für ein SW-Modul, z. B. eine Klasse handelt. Er betrachtet die inhaltlichen und erzeugenden Produktabhängigkeiten einer SW-Spezifikation im V-Modell
und bemerkt, dass es Überschneidungen mit anderen SW-
Spezifikationen, der SW-Architektur, dem Implementie-
rungs-, Integrations-, und Prüfkonzept SW und dem Styleguide für die Mensch-Maschine-Schnittstelle gibt. Im
Beispiel erkennt der Produktverantwortliche, dass sein
Produktexemplar Abhängigkeiten zu sieben anderen Pro-

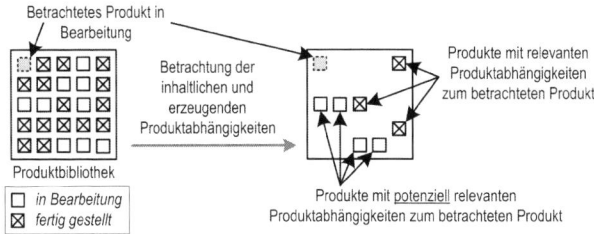

**Abb. 4.7:** Anwendung des Qualitätsmodells

duktexemplaren besitzt. Drei davon wurden schon fertiggestellt. Das V-Modell definiert die Beziehung als *relevante Produktabhängigkeiten*: Inkonsistenzen zu einem oder mehreren dieser drei Produktexemplare verhindern die Fertigstellung des betrachteten Produktexemplars.

**Hinweis:** Wichtig ist, dass das V-Modell Produktabhängigkeiten nur auf Ebene von *Produkttypen* definiert. Das heißt, dass der Produktverantwortliche noch selbst erkennen muss, zu welchen *Produktexemplaren* tatsächliche Abhängigkeiten bestehen. Beispielsweise können im Projekt mehrere SW-Architekturen existieren, wobei eine konkrete SW-Spezifikation aber nur von der Architektur ihrer eigenen SW-Einheit abhängig ist.

In einem solchen Fall muss entweder das betrachtete Produktexemplar angeglichen werden oder das bereits fertig gestellte Produktexemplar muss wieder in Bearbeitung genommen werden, um die Mängel zu beseitigen und es dann wieder fertig zu stellen.

Des Weiteren existieren im Beispiel vier abhängige Produkte, die noch bearbeitet werden. Die Abhängigkeiten werden hier als *potenziell relevant* bezeichnet. Das V-Modell kennt diesen Begriff nicht, allerdings ist es prinzipiell möglich, dass die vier Produkte fertiggestellt werden, wodurch sich jederzeit neue relevante Produktabhängigkeiten ergeben könnten. Die Aufgabe des Verantwortlichen des betrachteten Produkts ist es, die erkannte Abhängigkeit zu kommunizieren. Dadurch kann vermieden werden, dass bei der parallelen Erarbeitung überhaupt erst Inkonsistenzen auftauchen, die dann die Fertigstellung einzelner Produkte verhindern würden.

Tipp:

Dieses Vorgehen lässt sich sehr gut mit dem Sprichwort „Wer zuerst kommt, mahlt zuerst" merken: Wenn zwei oder mehr inhaltlich abhängige Produkte gleichzeitig bearbeitet werden, ist derjenige zunächst aus der Verantwortung, der sein Produkt als Erster fertigstellt. Die Verantwortung für die Prüfung der Produktkonsistenz liegt dann bei den Verantwortlichen der später fertiggestellten Produkte. Werden dabei allerdings Inkonsistenzen aufgedeckt, dann muss entschieden werden, welches der Produkte angepasst werden muss. So kann es – bildlich gesprochen – auch passieren, dass derjenige erneut zur Mühle gehen muss, der eigentlich zuerst gemahlen hat.

## 4.4 Organisationsweites Qualitätsmanagement

Das V-Modell ist ein Vorgehensmodell für Projekte. Das bedeutet, dass sich seine Regelungen fast ausschließlich im Projektkontext bewegen und im V-Modell wenig über dessen organisatorische Einbettung ausgesagt wird. Dies ergibt sich konsequenterweise aus dem Anspruch, dass das V-Modell in nahezu beliebigen Projekten Anwendung finden kann. Im Extremfall findet ein V-Modell-Projekt „auf der grünen Wiese", also ohne jegliche vorausgesetzte Umgebung statt.

Dieser Fall ist in der Praxis allerdings äußerst selten anzutreffen. Die Regel dürfte ein irgendwie beschriebener
unternehmensweiter Prozess sein, aus dem heraus Projekte nach V-Modell gestartet werden. Im Folgenden soll
als Beispiel hierfür eine nach DIN EN ISO 9001 [1] zertifi-
zierte Organisation mit entsprechender Prozesslandschaft
herangezogen werden, die Projekte nach V-Modell durchführt. Das Vorgehensmodell liefert hier gleich doppelte
Unterstützung:

1. Zum einen definiert es den Projekttyp *Einführung
   und Pflege eines organisationsspezifischen Vorgehensmodells*. Dieser beinhaltet ein standardisiertes Vorgehen, wie eine Organisation ganz allgemein ein Projekt durchführen kann, um ihr gesamtes Qualitätsmanagementsystem zu verbessern. Mithilfe dieses
   Projekttyps kann auch der Spezialfall der *Einführung
   und Anpassung des V-Modells* abgedeckt werden.
2. Zum anderen existieren auch in den übrigen Projekttypen Vorgaben und Anknüpfungspunkte, die die
   Umsetzung und Aufrechterhaltung eines organisationsweiten Qualitätsmanagementsystems nach DIN
   EN ISO 9001 gewährleisten.

Der erste Fall ist im V-Modell durchgehend beschrieben.
Es existieren entsprechende Produkte und eine anzuwen-
dende Projektdurchführungsstrategie, um ein *Organisati-
onsspezifisches Vorgehensmodell* (Abb. 4.8 oben) zu erarbeiten und zu pflegen. Dieser Fall soll hier aus diesem Grund
nicht weiter beschrieben werden.

**ISO 9001 und V-Modell XT.** Der zweite Fall gestaltet sich
interessanter: Das V-Modell wurde unter der Maßgabe
entwickelt, dass die mit ihm durchgeführten Projekte den

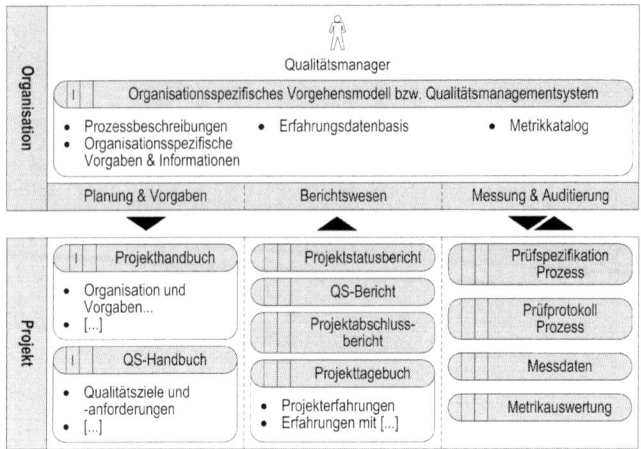

**Abb. 4.8:** Einbettung des V-Modell XT in ein organisationsweites Qualitätsmanagementsystem

ISO-9001-Vorgaben genügen. Beispielsweise fordert die Norm einen Prozess zur *Verifizierung von beschafften Produkten*. Das V-Modell definiert an dieser Stelle, dass Beschaffungen innerhalb des Projekts durch die Rolle *Prüfer* unter Mitwirkung des *Systemintegrators* und des *Anwenders* umgesetzt werden, und dass dabei sowohl eine *Prüfspezifikation* als auch ein *Prüfprotokoll Lieferung* erstellt werden. Diese Abb. von der ISO-Norm auf das V-Modell findet sich auch in der gleichnamigen Konventionsabbildung im Teil 7 des V-Modell. Eine Organisation, die in ihren Projekten das V-Modell einsetzt, ist, was die Projektdurchführung anbelangt, bereits ISO-9001-konform. Voraussetzung ist, dass die zur Verfügung stehenden Produkte verwendet werden.

**Kontinuierliche Prozessverbesserung.** Ein Aspekt dieser Norm ist aber auch ein etablierter kontinuierlicher Verbesserungsprozess, der im V-Modell unter der Verantwortung des *Qualitätsmanagers* gesehen wird. Zu diesem gehören neben der Definition von Prozessen auch das Auswerten der Berichte und Erfahrungen aus den Projekten sowie regelmäßige Messungen und Audits in den Projekten. Abb. 4.8 zeigt, welche Produkte hierfür zur Verfügung stehen.

Auf Projektseite sind dies das *Projekthandbuch* und das *QS-Handbuch*. In ihnen werden organisationsweite Vorgaben übernommen und ausgestaltet, z. B. im Projekthandbuch ein organisationsweit einheitliches Konfigurations- oder Problem- und Änderungsmanagement. Das Qualitätsmanagement definiert oft auch Qualitätsziele, die die einzelnen Projekte umsetzen müssen.

**Beispiel:** So könnte z. B. ein häufig auftretendes Problem der Organisation sein, dass Kompetenzen und Verantwortlichkeiten in den Projekten nicht klar geregelt sind; deswegen muss ein Qualitätsziel wie folgt definiert werden: „Bevor 5 Prozent des Projektbudgets verbraucht sind, muss die Rollenverteilung klar und von der Geschäftsleitung bestätigt sein."

Solch ein Qualitätsziel ist im konkreten Projekt je nach Projektvolumen zu terminieren und z. B. durch die Fertigstellung des QS-Handbuchs auszugestalten.

Damit die Organisation Probleme und Erfahrungen aus den einzelnen Projekten überhaupt wahrnehmen kann, kann sie sich des im Projekt vorhandenen Berichtswesens bedienen. Das V-Modell definiert hier diverse Berichte, wie den *Projektstatusbericht* und den *QS-Bericht*. Für eine kontinuierliche Verbesserung sind in erster Linie die Projekterfahrungen interessant, die in den Produkten *Pro-*

*jektabschlussbericht* und *Projekttagebuch* festgehalten werden.

Um zu überprüfen, ob Projekte überhaupt gemäß der vorgegebenen Prozesse arbeiten und ob sich Verbesserungen ergeben haben, können Projektaudits und Messungen des Projekterfolgs durchgeführt werden. Das V-Modell sieht für Audits die *Prüfspezifikation Prozess* und das *Prüfprotokoll Prozess* vor. Für die Messung des Projekterfolgs auf Basis eines *Metrikkatalogs* steht der Vorgehensbaustein *Messung und Analyse* zur Verfügung. Durch ihn kann ein Projekt *Messdaten* erheben und im Anschluss *Metrikauswertungen* durchführen, die dann wieder in den Verbesserungsprozess einfließen.

## 4.5 Aufgaben des QS-Verantwortlichen

Die vorangegangenen Kapitel umfassen die wesentlichen Aspekte der Qualitätssicherung im V-Modell. Der *QS-Verantwortliche* ist die zentrale Rolle zur Qualitätssicherung im Projekt. Dies bedeutet ausdrücklich nicht, dass er alle Prüfungen selbst durchführen muss oder während der Systementwicklung entscheiden muss, wie welche Systemlemente geprüft werden sollen. Wie in den Kapiteln 4.2.3 und 4.2.4 dargelegt, sind hierfür die *Prüfer* und *Architekten* verantwortlich.

Der QS-Verantwortliche muss hingegen den Überblick über die Mechanismen und Stellschrauben der Qualitätssicherung im Projekt haben. Das bedeutet, dass er wissen muss, durch welche Produkte die Projekt-QS gesteuert wird und wie diese einzelnen Produkte zusammenhängen. Darüber hinaus muss er wissen, welche Hilfestellungen und Vorgaben das V-Modell zur Qualitätssicherung beinhaltet (Kapitel 4.3) und wie die Beziehungen zwischen dem Projekt und der Gesamtorganisation strukturiert sind (Kapitel 4.4).

---

Tipp:

> Der QS-Verantwortliche sollte auch wissen, welche Vorgaben das V-Modell *nicht* macht, damit nicht durch falsch verstandene Vorgaben unnötige Aufwände produziert werden.

---

Das V-Modell sieht den QS-Verantwortlichen als Gegenspieler zum Projektleiter. Dies ist allerdings nicht im Sinne eines Widersachers gemeint, sondern Projektleiter und QS-Verantwortlicher sollten eng zusammenarbeiten und ihre Tätigkeiten aufeinander abstimmen. Der QS-Verantwortliche sollte mindestens genausoviel Erfahrung mitbringen wie der Projektleiter, sodass eventuelle Mahnungen, die Qualität nicht zu vernachlässigen, vom Projektleiter auch Ernst genommen werden.

Der QS-Verantwortliche sollte natürlich über Systementwicklung im Allgemeinen Bescheid wissen. Dies bedeutet nicht zwingend, dass er die neuesten Trends und Sprachen kennen muss. Vielmehr braucht er die Erfahrung, welche Schritte und Zwischenprodukte Auswirkungen auf das Gesamtergebnis haben. Dazu gehört auch, dass er an wichtigen Punkten des Projekts konstruktive QS-Maßnahmen einleitet, um damit schlechte Qualität im Vornhinein zu verhindern. Außerdem sollte er wissen, welche Prüfmethoden und -werkzeuge verfügbar sind.

### 4.5.1 Qualitätsziele festlegen

Eine der wichtigsten, aber auch schwierigsten Aufgaben ist das Festlegen von Qualitätszielen. Motzel beschreibt in

[9], dass Qualität nicht als Teil des „magischen Dreiecks"
gesehen werden sollte, sondern dass für die drei Kate-
gorien *Ergebnis*, *Zeit* und *Ressourcen* jeweils Qualitätsziele
angegeben werden können. Wie Abb. 4.9 zeigt, beinhal-

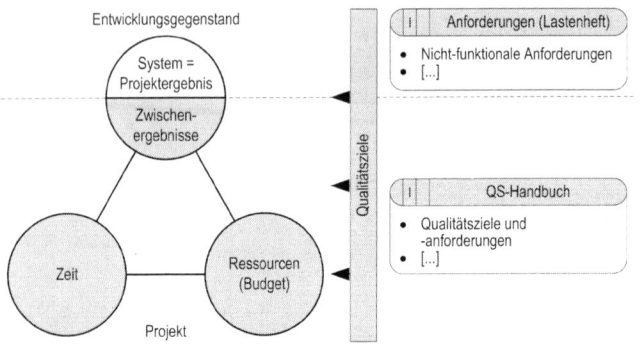

**Abb. 4.9:** Festlegen von Qualitätszielen

tet die Dimension *Ergebnis* auch den Entwicklungsgegenstand, also das zu entwickelnde System. Wichtig in diesem Zusammenhang ist, dass die Qualitätsanforderungen
an das System *nicht* im QS-Handbuch, sondern im Lastenheft definiert werden. Das QS-Handbuch legt dagegen
fest, welche *Qualitätsziele und -anforderungen* im Projektverlauf verfolgt werden sollen.

Ursprung dieser Ziele kann ein organisationweites Qualitätsmanagementsystem bzw. -handbuch sein. Außerdem
können weitere Ziele durch den Auftraggeber im Vertrag
vorgeschrieben sein (*Anhang 3: Vertragsrelevante Teile des
QS-Handbuchs (AN)*). Im Wesentlichen werden sich die
Qualitätsziele aber auch aus den persönlichen Erfahrungen des QS-Verantwortlichen und aller Teammitglieder

ergeben: Wenn in früheren Projekten ein gewisser Umstand zu Problemen geführt hat, dann sollte versucht werden, diesen Umstand nicht mehr eintreten zu lassen.

Das V-Modell bringt leider nicht sehr viele Beispiele für mögliche Qualitätsziele. Als Beispiele werden Prüfüberdeckung und Spezifikationstechniken genannt. Darüber hinaus wären z. B. Anforderungsänderungen, Architekturänderungen, Aktualität der Planung und Anwesenheit bei Projekttreffen als Qualitätsziele für den Projektverlauf denkbar.

---

Tipp:

Wie in Kapitel 4.1 gezeigt, hängt der Qualitätsbegriff immer vom Gegenstand der Betrachtung ab. Als Hilfestellung für die Definition von diesen Qualitätszielen kann die Ergänzung des Halbsatzes „Das Projekt besitzt gute Qualität, wenn..." dienen. Im Gegensatz dazu können Qualitätsanforderungen im Lastenheft durch Ergänzung des Halbsatzes „Das System besitzt gute Qualität, wenn..." gefunden werden.

---

### 4.5.2 Qualität planen

Wenn die Qualitätsziele sauber definiert wurden, lassen sich die weiteren Schritte daraus ableiten. Der QS-Verantwortliche kann sich überlegen, an welchen Punkten (Produkte, Prozesse, Personen) im Projekt die Qualitätsziele sichtbar werden. Dazu können die folgenden Fragen beantwortet werden:

1. Welche Produkte, Prozesse und Personen tragen zur Erreichung eines Qualitätsziels bei?
2. Durch welche konstruktiven Maßnahmen kann das Erreichen eines Qualitätsziels im Umfeld der identi-

fizierten Personen, Prozesse und Produkte sichergestellt werden?

3. Wie kann analytisch überprüft werden, ob die identifizierten Produkte und Prozesse die erforderliche
Qualität besitzen?

**Konstruktive QS-Maßnahmen.** Insbesondere konstruktive QS-Maßnahmen spielen dabei eine gewichtige Rolle, da man Qualität im Nachhinein nicht in ein Produkt
*hineinprüfen* kann. Sie werden vom QS-Verantwortlichen
im Thema *Organisation und Vorgaben zur Qualitätssicherung* dokumentiert. Dabei können auch konstruktive QS-
Maßnahmen für die Systemerstellung enthalten sein, wie
z. B. die Verwendung von typprüfenden Sprachen. Solche
Maßnahmen werden dann von den Architekten in den
*Implementierungs-, Integrations-, und Prüfkonzepten* übernommen und verfeinert. Das Spektrum konstruktiver QS-
Maßnahmen ist weit und umfasst

- Kreativitätstechniken,
- externe Beratung,
- teambildende Maßnahmen,
- die Aus- und Weiterbildung von Mitarbeitern,
- die Verwendung von Produktvorlagen sowie viele
  weitere Maßnahmen und Methoden.

Hier ist einerseits das Qualitätsmanagement-Fachwissen,
aber auch die Kreativität des QS-Verantwortlichen gefragt, um wirkungsvolle Maßnahmen zu identifizieren.

**Analytische QS-Maßnahmen.** Nach der Zusammenstellung der konstruktiven Maßnahmen muss der QS-Verantwortliche auch analytische Maßnahmen festlegen. Mit
diesen kann die Qualität einzelner Produkte untersucht

werden. Dazu gehören zum einen die anzuwendenden Techniken wie Review oder Inspektion, aber auch die Festlegung geeigneter Kandidaten für die Durchführung der Prüfungen.

---

**Tipp:**

Die Prüfung eines Produkts sollte durch eine Person erfolgen, die hinsichtlich des Prüfgegenstands mindestens genauso viel Erfahrung und Fachkompetenz aufweist wie der Ersteller selbst. Ansonsten verkommen Prüfungen oft zu reinen Rechtschreibkorrekturen und haben damit keine Aussagekraft.

---

Die anzuwendenden Methoden werden ebenfalls im Thema *Organisation und Vorgaben zur Qualitätssicherung* dokumentiert, die zu prüfenden Produkte werden im gleichnamigen Thema aufgeführt. Wie in Abbbildung 4.6 ersichtlich ist, durchlaufen diese dann vor ihrer Fertigstellung den Zustand *vorgelegt*.

Die Prüfung der Systemelemente liegt nicht in der Verantwortung des QS-Verantwortlichen (Kapitel 4.2.4). Allerdings sollte er so weit über das System Bescheid wissen, um zu entscheiden, welche Entwicklungsdokumente (Architekturen, Spezifikationen) so wichtig sind, um eigenständig geprüft zu werden. Das wird von ihm im QS-Handbuch und nicht von den Architekten festgelegt.

Qualitätssichernde Maßnahmen bringen nichts, wenn sie nicht an der richtigen Stelle in den Projektablauf eingesetzt werden. Deshalb ist die eingangs erwähnte Abstimmung zwischen QS-Verantwortlichem und Projektleiter essenziell. Sie muss im Prinzip ständig erfolgen. Da gerade am Anfang des Projekts und zu Beginn jeder Iteration ein erhöhter Abstimmungsbedarf besteht, existieren die Entscheidungspunkte *Projekt definiert* und *Iteration ge-*

*plant*, zu denen die Produkte *Projekthandbuch*, *Projektplan* und *QS-Handbuch* vorgelegt werden sollen.

### 4.5.3 Qualität steuern und überwachen

Der QS-Verantwortliche muss die Maßnahmen zur Qualitätssicherung auch überwachen und begleiten.

- Dazu gehört, dass er jederzeit den Status der einzelnen Prüfungen kennt und weiß, welche Prüfergebnisse erzielt wurden und wie mit diesen Ergebnissen verfahren wurde.
- Er sollte darauf achten, dass nicht aus Zeitnot oder Bequemlichkeit die Prüfspezifikationen oder Prüfprozeduren geändert werden, nur um Tests nicht mehr fehlschlagen zu lassen.
- Insbesondere sollte er ein waches Auge auf die *Ergebnisanalysen und Korrekturvorschläge* der einzelnen Prüfprotokolle richten, um dort identifizierte Fehler oder Fehlermuster erkennen zu können und wirksame Gegenmaßnahmen einleiten zu können.
- Bei Bedarf sollte der QS-Verantwortliche jederzeit in der Lage sein, dem Lenkungsausschuss durch einen ausführlichen *QS-Bericht* (Abschnitt 4.2.2) (auch außerplanmäßig) einen Überblick über den Stand der Qualitätssicherung zu geben.

# 5 Das V-Modell XT für Auftraggeber und Auftragnehmer

Das V-Modell nimmt auch die Auftraggeberseite stärker in die Pflicht. Es beschreibt Kernkompetenzen und Aufgaben der Auftraggeber und unterstützt sie bei der Organisation und Durchführung eines Projekts. Projekte werden so strukturiert, dass die Synchronisation mit den Auftragnehmern geregelt ist.

Dieses Kapitel beschreibt sowohl die Auftraggeber- als auch die Auftragnehmersicht auf das V-Modell. Es geht auf die wesentlichen Aufgaben ein und beschreibt gleichzeitig die Interaktion an der *Auftraggeber-/Auftragnehmer-Schnittstelle*.

## 5.1 Die Auftraggeber-/Auftragnehmerschnittstelle

Das V-Modell geht davon aus, dass im Fall einer Auftragssituation immer (mindestens) zwei Projekte gleichzeitig ablaufen. Einmal das Projekt beim Auftragnehmer; andererseits fasst das V-Modell auch die kontinuierliche Begleitung dieses Projekts durch den Auftraggeber als eigenes Projekt auf. Die Idee dahinter ist, dass auch der Auftraggeber ausreichend Zeit und Ressourcen planen und organisieren muss, um den Auftragnehmern eine angemessene Projektbegleitung anzubieten. Darüber hinaus wird der Auftraggeber durch seine Pflichten in der Anforderungsfestlegung auch tiefer in ein Projekt eingebunden.

J. Friedrich et al., *Das V-Modell*® *XT*, Informatik im Fokus, 2nd Edn.,
DOI 10.1007/978-3-642-01488-8_5, © Springer-Verlag Berlin Heidelberg 2009

### 5.1.1 Was ist die AG/AN-Schnittstelle?

Das Konzept, das das V-Modell hierfür vorsieht, ist die *Auftraggeber-/Auftragnehmerschnittstelle* (AG/AN-Schnittstelle). Diese Schnittstelle regelt die wesentliche Interaktion in einem Projekt auf der Ebene der zu erstellenden und zu liefernden Produkttypen. Sie gestattet es, zu definierten Punkten die Projekte von Auftraggebern und Auftragnehmern miteinander zu synchronisieren. Die AG/AN-Schnittstelle besteht im Wesentlichen aus einer Menge von Entscheidungspunkten (und den an diesen Stellen erforderlichen Produkttypen), die

1. entweder beim Auftraggeber *und* beim Auftragnehmer vorkommen oder
2. eine Interaktion *zwischen mehreren* Projekten erforderlich machen.

In beiden Fällen entstehen Produkte, die einem anderen Projektpartner zugänglich gemacht werden müssen (z. B. eine Lieferung). Neben den Entscheidungspunkten sind an der AG/AN-Schnittstelle also auch immer Produkte zu betrachten, die aus dem eigenen Projektkontext in einen anderen oder aus einem externen Kontext in den eigenen transferiert werden müssen. Diese Produkte bezeichnen wir als *Schnittstellenprodukte* (siehe Abschnitt 5.1.2).

In Abb. 5.1 ist die AG/AN-Schnittstelle skizziert. Sie zeigt sowohl das Auftraggeber- als auch das Auftragnehmerprojekt. Zu sehen sind die wesentlichen Entscheidungspunkte und die Ergebnisse, die zwischen den Projekten ausgetauscht werden. Diese Ergebnisse modelliert das V-Modell als Produkte. Es werden die wesentlichen Abläufe zwischen zwei Projekten beschrieben:

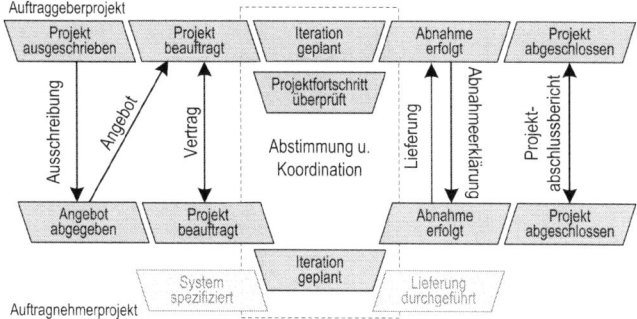

**Abb. 5.1:** Auftraggeber-/Auftragnehmerschnittstelle im Überblick

1. Der Auftraggeber erfasst Anforderungen (siehe Abschnitt 5.2) und erstellt auf deren Basis eine *Ausschreibung*, die er veröffentlicht.
2. Der Auftragnehmer erhält die Ausschreibung (siehe Abschnitt 5.3) und entscheidet, ob er bieten möchte. In diesem Fall erstellt er ein *Angebot*.
3. Der Auftraggeber erhält und bewertet die Angebote. Mit dem/den gewählten Bieter(n) wird ein *Vertrag* geschlossen.
4. Während der Projektlaufzeit werden die Inhalte und Ergebnisse kontinuierlich geprüft und abgestimmt.
5. Zu vereinbarten Terminen erstellt der Auftragnehmer eine *Lieferung* für den Auftraggeber, die durch ihn mit einer *Abnahmeerklärung* angenommen wird.
6. Das Projektende wird durch einen *Projektabschlussbericht* festgestellt.

Die AG/AN-Schnittstelle liefert folgenden Vorteil: Es ist klar definiert, *welche* Produkte ein Projektpartner *wann* an die anderen Partner zu liefern hat und *wer* für die je-

weiligen Produkte die Verantwortung trägt. Die AG/AN-
Schnittstelle macht hingegen keine Aussage zu verwen-
deten Methoden, womit sie gleichzeitig ein hohes Maß an
Freiheit bietet.

### 5.1.2 Schnittstellenprodukte

Schnittstellenprodukte stellen den *minimal zu liefernden
Umfang* zwischen den Projekten dar. Sie abstrahieren konkrete Projektabläufe zur Erstellung. So ist z. B. mit dem
Auftraggeber eine Lieferung von Software vereinbart, jedoch sind projektinterne Zwischenergebnisse oder konkrete Methoden des Auftragnehmers, wie z. B. Objektorientierung bei der Entwicklung, hinter der AG/AN-
Schnittstelle quasi *versteckt*.

Je nach Interesse des Auftraggebers ist jedoch eine Öff-
nung der beiden Projekte und somit eine Ausgestaltung
oder Ausweitung der Schnittstelle möglich.

---

Tipp:

> Versuchen Sie nicht, die AG/AN-Schnittstelle mit Gewalt aufzubla-
> sen! Beschränken Sie sich auf die wesentlichen, durch das V-Mo-
> dell XT definierten Schnittstellenprodukte. Legen Sie weitere Pro-
> dukte, die Sie zwischen den Projekten austauschen möchten, se-
> parat in den Verträgen als Liefergegenstände fest.

---

Gehen Sie sorgsam mit der Ausgestaltung der AG/AN-
Schnittstelle um, da Produkte, die zwischen Projekten
ausgetauscht werden, möglicherweise Gegenstand von
qualitätssichernden und mittelfreigebenden Maßnahmen
werden können. Insbesondere sollten dabei die zu er-
wartenden Aufwände, z. B. für qualitätssichernde Maßnahmen (Reviews, Betatests...) nicht vergessen werden.

Es sollte auch beachtet werden, dass für eine Abnahme nicht nur Zeit und Ressourcen erforderlich sind, sondern ggf. auch vorbereitende Schulungsmaßnahmen nötig werden.

---

Tipp:

Fordern Sie als Auftraggeber nur Produkte für eine Abnahme, die Sie auch verlässlich prüfen können. Greifen Sie ggf. auf externe Berater zurück.

---

**Konkrete Schnittstellenprodukte.**    Schnittstellenprodukte sind Produkte, die über die AG/AN-Schnittstelle zwischen verschiedenen Projekten ausgetauscht werden. In Abb. 5.2 sind auch die durch das V-Modell definierten, relevanten Produkttypen gezeigt.

Die Produkte, die an der Schnittstelle ausgetauscht werden, sind für den jeweiligen Empfänger *externe* Produkte. In Abb. 5.2 sind diese durch das Attribut „E" zu erkennen. Im V-Modell sind die betreffenden Produkte zusätzlich noch so benannt, dass der Name anzeigt, wer das Produkt bereitstellt, z. B. *Angebot (von AN)*. Konkret betrachtet das V-Modell folgende Produkte als Schnittstellenprodukte:

- Ausschreibung
- Angebot
- Vertrag und Vertragszusatz
- Lieferung
- Projektstatusbericht
- Abnahmeerklärung
- Projektabschlussbericht

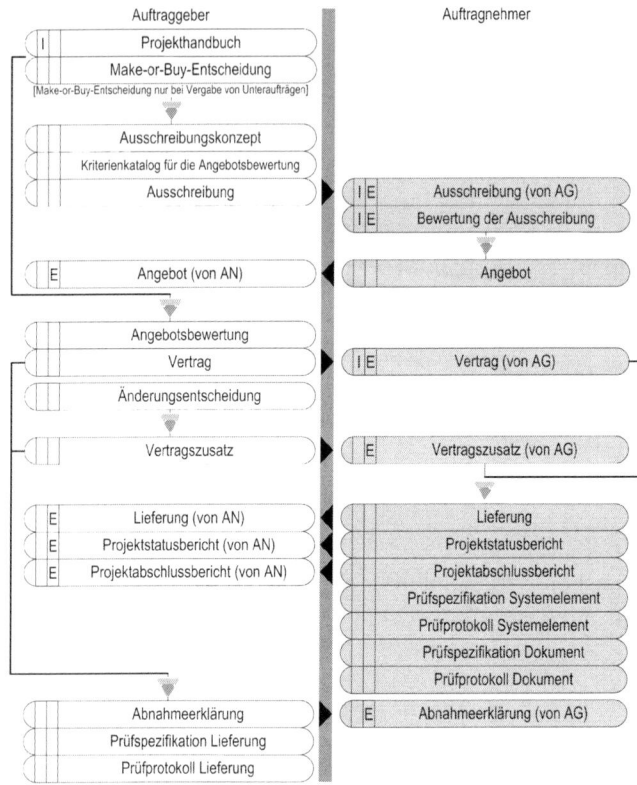

**Abb. 5.2:** Produktflüsse an der AGAN-Schnittstelle

Abb. 5.2 zeigt die erzeugenden Abhängigkeiten zwischen den einzelnen, an der Schnittstelle relevanten Produkten. Beispielhaft seien die Produkte *Vertrag* und *Vertragszusatz* zu nennen, die eine erzeugende Abhängigkeit zur *Abnahmeerklärung* haben. Aus den Verträgen sind auf der Auf-

tragnehmerseite auch die *Lieferungen*, deren Daten und
Umfänge zu bestimmen.

**Versteckte Schnittstellenprodukte.**   In Abb. 5.2 sind keine Produkte gezeigt, die wir als *versteckte Schnittstellenprodukte* bezeichnen. Dies sind Produkte, die z. B. Inhalte eines Anhangs eines Schnittstellenprodukts enthalten und
somit auch für die Erstellung relevant sind, aber oft vergessen oder nicht berücksichtigt werden:

- *Anforderungen (Lastenheft)* ⇒ wird Bestandteil der Produkte Vertrag und Ausschreibung
- *Gesamtsystemspezifikation (Pflichtenheft)* ⇒ findet sich
  in Teilen bereits im Produkt Angebot wieder
- *Projekthandbuch* und *QS-Handbuch (AG)* ⇒ steuern je
  ein Thema in den Produkten Ausschreibung und Angebot bei
- *Projekthandbuch* und *QS-Handbuch (AN)* ⇒ ist in Teilen
  bereits im Produkt Angebot enthalten
- *Prüfprotokoll Lieferung* ⇒ findet sich im Produkt Abnahmeerklärung wieder

Lieferdaten (Planung) im V-Modell sind *immer* durch Verträge oder sonstige Vereinbarungen bestimmt. Lieferge-
genstände werden auf der Grundlage der Anforderungen
des Auftraggebers und im Anschluss durch die vertrag-
lichen Vereinbarungen festgelegt. Im Abschnitt 5.3 gehen
wir darauf noch detaillierter ein.

### 5.1.3 Projektinteraktion und -synchronisation

Durch die AG/AN-Schnittstelle gibt es im V-Modell mehrere ausgezeichnete *Synchronisationspunkte* in Projekten.

Dies sind Zeiträume, in denen Auftraggeber- und Auf-
tragnehmerprojekte eng aneinander gekoppelt verlaufen.
Abb. 5.3 gibt ein Beispiel, in der ein Auftraggeber- und ein
Auftragnehmerprojekt skizziert sind.

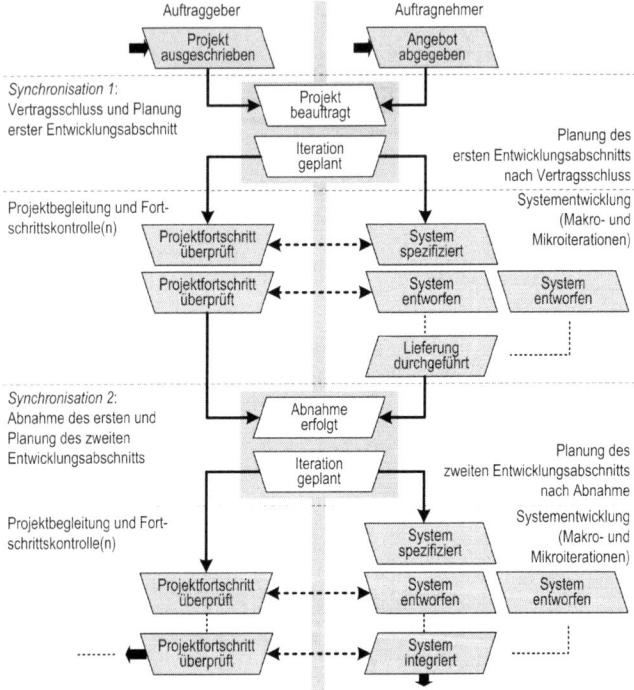

**Abb. 5.3:** Synchronisation von AG- und AN-Projekt

Gezeigt sind die ersten beiden Entwicklungsabschnitte,
in denen wir mögliche Pfade zu den relevanten Entscheidungspunkten skizziert haben.

**Synchronisation 1.**    Zum ersten Mal synchronisieren sich
Auftraggeber und Auftragnehmer während des Vertrags-
schlusses im Entscheidungspunkt *Projekt beauftragt*. Hier
wird zwischen den Beteiligten das V-Modell Produkt *Vertrag* erstellt. Im Anschluss findet die Festlegung der Ziele
für die erste Projektetappe zum Entscheidungspunkt *Iteration geplant* statt (üblicherweise werden hier erste Anforderungen und Teilsysteme für die Realisierung der ersten Entwicklungsabschnitte vereinbart). Dann startet die
Entwicklung beim Auftragnehmer und gleichzeitig die
Projektbegleitung beim Auftraggeber. Der Auftraggeber
hat die Möglichkeit, eine kontinuierliche Fortschrittskontrolle (Entscheidungspunkt *Projektfortschritt überprüft* des
Auftraggebers) durchzuführen.

Tipp:

> Die Fortschrittskontrolle kann – muss aber nicht – mit Entschei-
> dungspunkten im Auftragnehmerprojekt abgeglichen werden. Ist
> z. B. das *Pflichtenheft* per Vertrag vom Auftraggeber zur Begutach-
> tung gefordert, bietet es sich an, eine Fortschrittskontrolle zum Ent-
> scheidungspunkt *System spezifiziert* zu planen.

In Abb. 5.3 ist das gerade angesprochene Verfahren für die
Entscheidungspunkte *System spezifiziert* und *System entworfen* gezeigt. Hier treffen sich Auftraggeber und Auftragnehmer und können das Pflichtenheft und mögliche
Architekturdokumente besprechen und abstimmen.

Die Entwicklung beim Auftragnehmer verläuft transpa-
rent für den Auftraggeber. Er kann beliebige Entwick-
lungsschritte und -methoden anwenden, um seine Entscheidungspunkte zu erreichen. Sein Ziel für einen vollständigen Entwicklungsabschnitt ist es jedoch, den Entscheidungspunkt *Lieferung durchgeführt* zu erreichen. An

diesem ist das System/Teilsystem fertig gestellt und an
den Auftraggeber übergeben worden.

**Synchronisation 2:**  Die zweite Synchronsation (Abb. 5.3,
Mitte) erfolgt nun im Entscheidungspunkt *Abnahme erfolgt*. Auftraggeber und Auftragnehmer verständigen sich
hier über die Abnahme einer Lieferung und legen zum
Entscheidungspunkt *Iteration geplant* die Ziele für den
zweiten (nächsten) Entwicklungsabschnitt fest. Der zweite Abschnitt kann nun neben den ursprünglich geplanten
Anforderungen auch Änderungsforderungen und Fehler-
beseitigungen für den ersten Abschnitt enthalten. Wie
beim Projektstart geht der Auftraggeber nun in die Projektbegleitung über, während der Auftragnehmer in den
nächsten Entwicklungsabschnitt eintritt.

Tipp:

> Eine Fortschrittskontrolle durch den Auftraggeber macht in der Re-
> gel nur Sinn, wenn auf der Seite des Auftragnehmers prüfbare Er-
> gebnisse vorliegen und der Auftraggeber diese auch wirklich be-
> werten kann. Dies können z. B. Architekturdokumente oder Teilsys-
> teme sein. Eine Fortschrittskontrolle des Auftraggebers zu *jedem*
> Entscheidungspunkt des Auftragnehmerprojekts ist hingegen nicht
> sinnvoll.

Im Laufe des Projekts finden sich viele solcher Punkte. Sie
können, wie gerade gezeigt, dazu dienen, Entwicklungsabschnitte zu definieren und regelmäßig einen Projektstatus zu erfassen. Auch besonders wichtige Dokumente oder Ergebnisse, die einen Konsens zwischen den Ver-
tragsparteien erfordern, wie z. B. Architekturdokumente, können einen Synchronisationspunkt erforderlich machen. Damit ist aber nicht gemeint, dass zu allen mögli-

chen Punkten der Auftraggeber dem Auftragnehmer auf die Finger sehen muss. Dies würde nur unnötige Aufwände generieren.

---

Tipp:

> Das V-Modell fordert nicht, dass der Auftraggeber Architekturen detailliert verstehen muss. Falls es im Projekt jedoch benötigt wird, dann ist in erster Linie der Auftragnehmer gefordert, sie dem Auftraggeber verständlich zu machen. Das kann z. B. durch Prototypen, GUI-Mockups, Powerpoint-Präsentationen oder Ähnliches erfolgen.

---

### 5.1.4 Spielräume

Wie in Abb. 5.1 gezeigt, besteht die AG/AN-Schnittstelle nur aus wenigen Entscheidungspunkten. Sie beschreiben bei einmaligem Durchlauf einen *Idealablauf* zwischen Auftraggeber- und Auftragnehmerprojekten, in dem auf einem definierten Pfad alle relevanten Produkte ausgetauscht werden (siehe Abschnitt 5.1.2). Die Anzahl der Produkte ist auch vergleichsweise gering, sodass sich die Frage nach Optionen der Ausgestaltung stellt.

Eine Antwort haben wir bereits gegeben: Durch vertragliche Vereinbarungen zwischen Auftraggeber und Auftragnehmer kann die AG/AN-Schnittstelle ausgestaltet werden. Hier können zusätzlich durch den Aufraggeber bereitgestellte Produkte festgelegt werden. Auch zusätzlich, durch den Auftragnehmer vorzulegende Produkte sind hier zu definieren. Prinzipiell lässt sich ein V-Modell-Projekt aber auch mit einer nicht ausgestalteten Schnittstelle durchführen.

Generell empfiehlt es sich, die Schnittstelle zwischen den Projekten schlank zu halten. Neben den Lieferungen gehen über die Schnittstelle nämlich auch Änderungsforderungen und Problemmeldungen. Da hier also potenziell auch ohne weitergehende Ausgestaltung rege Kommunikation herrscht, sind die Prozesse an der AG/AN-Schnittstelle ein wichtiger Optimierungsgegenstand.

Tipp:

Typische Probleme in Projekten sind unerwartete Änderungswünsche, Verzögerungen oder das Auftreten von Fehlern bei der Abnahme. Sorgen Sie dafür, dass insbesondere das Problem- und Änderungsmanagement in Ihren Projekten wohldefiniert sind. Sie können somit konstruktiv Steuerungsprozesse erstellen und im Falle eines auftretenden Problems schnell und effizient agieren.

## 5.2 Das Auftraggeberprojekt

Der Auftraggeber (AG) hat im V-Modell seinen eigenen Projekttyp: *Systementwicklungsprojekt (AG)*. Dieser regelt seine Aufgaben und beschreibt auch die dafür erforderlichen Kompetenzen. Weiterhin erhält der Auftraggeber eine Schablone, in der er seine typischen Aufgaben, wie:

- Anforderungsfestlegung,
- Ausschreibung und Vergabe sowie
- Projektbegleitung und Abnahme,

organisatorisch einordnen kann. Das V-Modell gibt dafür einen allgemeinen Rahmen vor. Es definiert eine Menge von Produkten, die bestimmte Fortschrittsstufen beim AG kennzeichnen. Diese Produkte sind im Wesentlichen: *Anforderungen (Lastenheft)*, *Ausschreibung*, *Vertrag* sowie die *Lieferung von (AN)* und die *Abnahmeerklärung*. Die folgenden Abschnitte gehen auf die jeweiligen Projektabschnitte ein und vertiefen die Zusammenhänge.

### 5.2.1 Anforderungsfestlegung

Die Erfassung und Beschreibung von Anforderungen ist im V-Modell eine der *Kernaufgaben des Auftraggebers*. Sie ist das erste große und wichtige Arbeitspaket nach der Projektinitialisierung.

Der Auftraggeber muss seine Vorstellungen des zu entwickelnden Systems formulieren und systematisch beschreiben. Eine detaillierte Anforderungsfeststellung ist eine wesentliche Voraussetzung für eine qualitativ hochwertige Ausschreibung, welche wiederum qualitativ hochwertige Angebote zur Folge haben soll. Das Ziel dieses Projektabschnitts ist das Erreichen des Entscheidungspunktes *Anforderungen festgelegt*.

**Das Lastenheft.**  Um einerseits Leistungsbeschreibungen in E-Mail- oder Zurufform zu vermeiden, andererseits den Auftraggeber jedoch bei der Erstellung belastbarer Anforderungen zu unterstützen, enthält das V-Modell einen Vorgehensbaustein *Anforderungsfestlegung*. Er enthält unter anderem das Produkt *Anforderungen (Lastenheft)*, das dem Auftraggeber durch seine Themenstruktur Orientierung bei der Aufstellung und Strukturierung der Anforderungen gibt. Das Lastenheft in einem V-Modell-Projekt soll *ausschreibungsreif* gefertigt werden. Was sich dahinter verbirgt erklärt Abschnitt 5.2.2. Abb. 5.4 zeigt das Lastenheft mit seinen Themen und dem zugehörigen Entscheidungspunkt. Sie zeigt weiterhin das Produkt *An-*

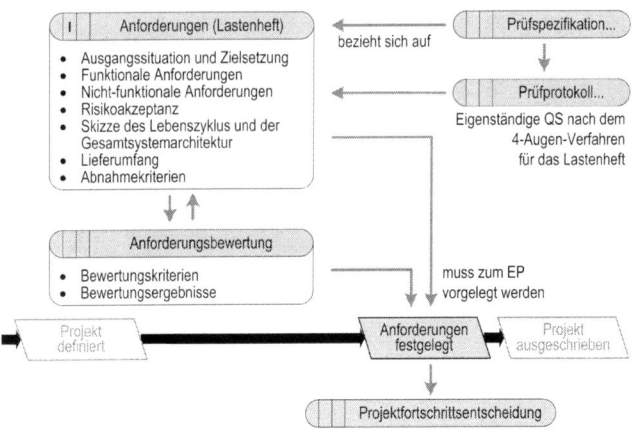

**Abb. 5.4:** Lastenheft und Anforderungsbewertung im AG-Projekt

*forderungsbewertung*, auf das wir im nächsten Abschnitt eingehen. Wesentlich im Lastenheft ist, dass es neben den *funktionalen* und *nicht-funktionalen Anforderungen* die Gedanken der Anwender zum Thema *Skizze des Lebenszyklus und der Gesamtsystemarchitektur* enthält. Die Anwender (in diesem Fall der Auftraggeber) sollen sich überlegen, wie sich das beschriebene System in die vorhandene oder geplante IT-Landschaft einfügt. Aus dieser Veranschaulichung der Anforderungen können z. B. auch neue, bislang nicht bedachte Anforderungen entstehen. Es können aber gleichzeitig bereits erfasste Anforderungen noch einmal in Frage gestellt werden. Die Anforderungen stellen das *zentrale Kommunikationsmedium* mit den Auftragnehmern dar, werden im Pflichtenheft verfeinert und im System nachvollziehbar umgesetzt (vgl. Abschnitt 5.3).

**Die Anforderungsbewertung.** Das Lastenheft ist als Produkt des V-Modells auch qualitätssichernden Maßnahmen zu unterziehen. Das V-Modell sieht hier zwei Stufen vor: die eigenständige Prüfung mithilfe von Prüfspezifikationen und Protokollen. Zusätzlich gibt es noch das Produkt *Anforderungsbewertung*, in dem weniger das Produkt Lastenheft Gegenstand der Prüfung ist, sondern die Anforderungen selbst im Fokus stehen. Sind die Anforderungen erfasst, müssen diese z. B. auf Plausibilität und Finanzierbarkeit geprüft werden. Hierbei empfiehlt das V-Modell, die Prüfung/Bewertung anhand der Inhalte das Themas *Skizze des Lebenszyklus und der Gesamtsystemarchitektur* durchzuführen.

---

Tipp:

Integrieren Sie, sofern organisatorisch möglich, die *Anforderungsbewertung* in die Prüfprodukte zum *Lastenheft*. Das Thema *Bewertungskriterien* muss dabei in die Prüfspezifikation integriert werden; das Thema *Bewertungsergebnisse* wandert ins Prüfprotokoll.

---

## 5.2.2 Ausschreibung und Vergabe

Mit Erreichen des Entscheidungspunktes *Anforderungen festgelegt* sollen die Anforderungen in ausschreibungsreifer Form vorliegen. Ausschreibungsreife der Anforderungen meint hier, dass das Lastenheft in einer Qualität vorliegen soll, dass es als Leistungsbeschreibung den Ausschreibungsunterlagen beigelegt werden kann.

In den nun betrachteten Projektabschnitten ist zuerst eine *Ausschreibung* zu erstellen, im Anschluss ein Angebot auszuwählen und ein Vertragsschluss herbeizuführen. Diese

Projektabschnitte werden durch die Entscheidungspunkte *Projekt ausgeschrieben* und *Projekt beauftragt* (Abb. 5.5)
abgeschlossen.

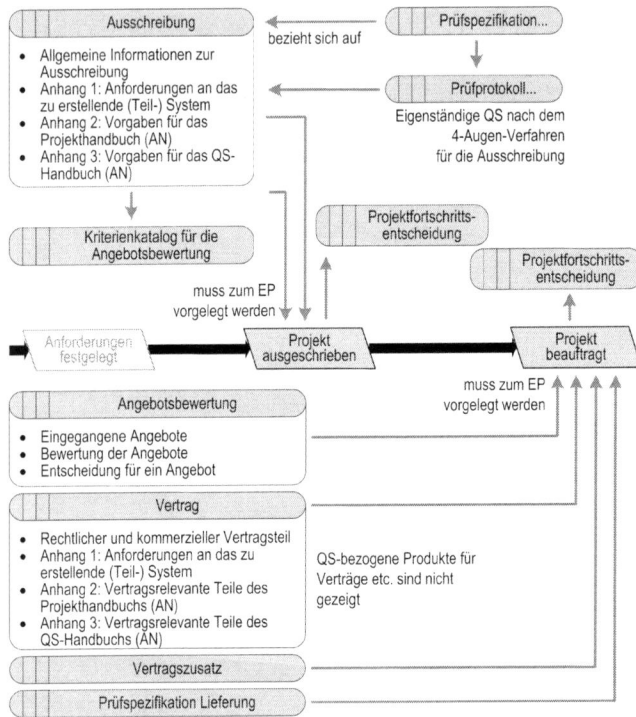

**Abb. 5.5:** Ausschreibung und Vertragsschluss im AG-Projekt

Das V-Modell ist so flexibel, dass verschiedene relevante
Regelungen (z. B. WiBe [10], SAGA [3], UfAB [4]) einfach
zu integrieren sind. Dies gilt insbesondere für das Pro-

dukt *Kriterienkatalog für die Angebotsbewertung*, für das im Falle einer UfAB-basierten Ausschreibung Beispiele unter [2] verfügbar sind.

---

Tipp:

> Prüfen Sie in Ihrer Organisation, ob es eine Beschaffungs- oder Vergabestelle gibt und konsolidieren Sie deren Vorgaben und Regeln mit dem V-Modell.

---

**Vorgaben für Auftragnehmer.**  Innerhalb der Ausschreibung und des Vertrags finden sich neben den Anforderungen die für die Auftragnehmer relevanten Anteile aus dem Projekt- und dem QS-Handbuch wieder. Die Kapitel *Vorgaben für das Projekthandbuch (AN)* aus dem *Projekthandbuch* und *Vorgaben für das QS-Handbuch (AN)* aus dem QS-Handbuch des Auftraggebers werden – sofern vorhanden – Bestandteil der Ausschreibung. Damit werden sie auch Bestandteil des Vertrags. Der Auftragnehmer muss die entsprechenden Passagen in sein *Projekthandbuch* und sein *QS-Handbuch* übernehmen und die betreffenden Vorgaben in seinem Projekt umsetzen.

---

Tipp:

> Mit den Vorgabenkapiteln aus Projekt- und QS-Handbuch stehen dem Auftraggeber mächtige Instrumente zur Verfügung, mit denen er das Projekt des Auftragnehmers beeinflussen kann. An dieser Stelle ist Vorsicht geboten, da eine Unterstützung sehr schnell in Schikane umschlagen kann. Verwenden Sie dieses Steuerungsinstrument mit Bedacht!

---

Der Entscheidungspunkt *Projekt ausgeschrieben* wird erreicht, wenn die Ausschreibung erschienen ist.

### 5.2.3 Projektbegleitung

Nach der Vergabe eines Auftrags wird der Auftraggeber durch das V-Modell angehalten, *regelmäßig* den Projektfortschritt zu überprüfen. Dadurch soll verhindert werden, dass der Auftragnehmer über einen längeren Zeitraum ohne Kundenfeedback arbeiten muss. Das Risiko, dass nicht erkannte oder falsch formulierte/verstandene Anforderungen die Qualität des Systems und somit die Abnahme gefährden soll damit gemindert werden.

**Kontinuierliche Fortschrittskontrolle.** Im V-Modell ist eine kontinuierliche Fortschrittskontrolle vorgesehen, die vom Auftraggeber mithilfe des Entscheidungspunkts *Projektfortschritt überprüft* geplant wird. Diese Fortschrittskontrolle dient dazu, ein regelmäßiges Berichtswesen zu etablieren, an dem der Auftragnehmer einen *Projektstatusbericht* liefert. Der Statusbericht kann durch den Auftraggeber mit seinem eigenen Projektplan abgeglichen werden, um z. B. an wichtigen Punkten im Projekt den Status ermitteln und bewerten zu können.

---

Tipp:

> Das V-Modell fordert die *Prüfspezifikation Lieferung* bereits zum Entscheidungspunkt *Projekt beauftragt*. Dies ist in der Praxis nicht immer sinnvoll. Es macht mehr Sinn, eine entsprechende Spezifikation erst nach Abschluss der Iterationsplanung anzufertigen, da hier die konkreten Ergebnisse für eine Iteration vereinbart werden. Sie sollten die Erstellung dieses Produkts also erst zum Entscheidungspunkt *Iteration geplant* in Angriff nehmen.

---

**Fortschrittskontrolle bei der Abnahme.** Neben der kontinuierlichen Fortschrittskontrolle kann auch an geplanten Terminen im Projekt eine *etappenweise* Fortschritts-kontrolle durchgeführt werden. Ein Auftraggeber hat die Möglichkeit, ein System in mehreren Ausbaustufen ent-wickeln zu lassen oder ein großes System in mehreren Ausschreibungen zu beauftragen. Hat der Auftragneh-mer z. B. eine beauftragte Ausbaustufe fertiggestellt und geliefert, muss der Auftraggeber eine entsprechende Ab-nahme durchführen und im Anschluss das weitere Vorge-hen im Projekt entscheiden.

Im Gegensatz zur kontinuierlichen Fortschrittskontrolle ist dies ein formaler Akt, der durch das Erreichen des Ent-scheidungspunktes *Abnahme erfolgt* angezeigt wird. Die-ser Entscheidungspunkt schließt auftraggeberseitig einen Entwicklungsabschnitt ab.

Tipp:

> Abnahmen sind kein optimales Mittel zur Fortschrittskontrolle. Pla-nen Sie daher nicht unnötig viele Abnahmen. Dadurch entsteht ein Vielfaches an Aufwänden für QS auf der Auftraggeberseite.

In Abhängigkeit der Projektstruktur kann der Auftragge-ber nun den nächsten Entwicklungsabschnitt freigeben, eine weitere Ausbaustufe beauftragen, in Vorbereitung ei-ner Folgeausschreibung die Anforderungen noch einmal schärfen oder das Projekt abschließen. Um dem Auftrag-geber diese Freiheit zu geben, ist auch seine Projektdurch-führungsstrategie iterativ aufgebaut.

## 5.3 Das Auftragnehmerprojekt

Das Auftragnehmerprojekt (AN-Projekt) beginnt, nach-dem der Auftraggeber die Ausschreibung bekannt gemacht hat. Abb. 5.1 zeigt dies bereits im linken Teil. Ist das Projekt gestartet, hat der Auftragnehmer im Wesentlichen die Aufgaben der *Angebotserstellung* und der *Systementwicklung*. Dies zeigt sich in den Vorgehensbausteinen, den Projektdurchführungsstrategien und den Rollen. So verfügt der Auftragnehmer über ein Pflichtenheft und z. B. über Architekten für Software oder Hardware. In den folgenden Abschnitten beleuchten wir die wesentlichen Konzepte und gehen dabei auf zentrale Aufgaben ein.

### 5.3.1 Angebotserstellung

Die Angebotserstellung durch den potenziellen Auftragnehmer beginnt, nachdem eine Ausschreibung des Auftraggebers zur Kenntnis genommen wurde.

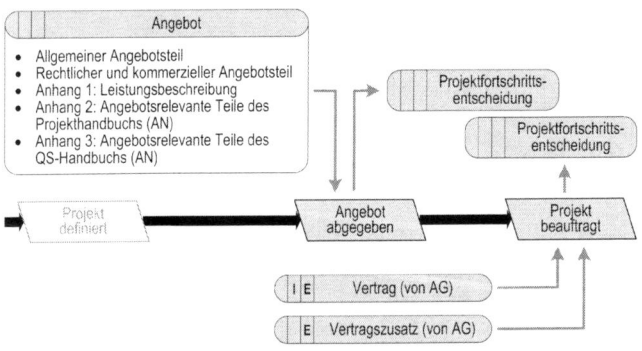

**Abb. 5.6:** Angebot und Beauftragung im AN-Projekt

Das V-Modell sieht hierfür das Produkt *Bewertung der Ausschreibung* vor, das auf Basis der Ausschreibung der

Entscheidungsfindung dient, ob ein Angebot erstellt werden soll. Die *Bewertung der Ausschreibung* ist das Gegenstück zum *Projektvorschlag* auf der Auftraggeberseite. Sie soll erstellt werden, um den Entscheidungspunkt *Projekt genehmigt* zu erreichen. Im Anschluss sind wie beim Auftraggeber die Produkte *Projekthandbuch*, *QS-Handbuch* und *Projektplan* zu fertigen, um auch den folgenden Entscheidungspunkt *Projekt definiert* zu erreichen. Das eigentliche *Angebot* wird zum Entscheidungspunkt *Angebot abgegeben* erstellt.

Das ist erst vergleichsweise spät und erfordert auf der Seite des Auftragnehmers bereits zu Beginn eine weitreichende Interpretation des V-Modells.

---

**Theorie und Praxis**

In der Praxis wird niemand beginnen, Aufwände in ein Projekt zu investieren, das möglicherweise gar nicht startet. Für das V-Modell heißt das, dass das Projekthandbuch und das QS-Handbuch erst erstellt werden, wenn ein Zuschlag erteilt wurde. Für den Auftraggeber gilt: *Denken Sie daran, wenn Sie Annahmen zur Projektstruktur des Auftragnehmers treffen!* Für den Auftragnehmer gilt: *Erstellen Sie die notwendigen V-Modell-Produkte, sobald das Projekt startet!*

---

Abb. 5.6 zeigt das Angebot mit seinen Themen und seiner Position im Ablauf des Auftragnehmerprojekts. Das Angebot orientiert sich üblicherweise an den unternehmensinternen Richtlinien. Im Kontext des V-Modell können durch den Auftraggeber Vorgaben hinsichtlich Management, Organisation der Projektleitung und Qualitätssicherung gemacht werden. Zusätzlich zu den standardmäßig enthaltenen Anteilen sind im Angebot unter Umständen bereits erste Passagen des *Projekthandbuchs* und des *QS-Handbuchs* beizubringen (Anhänge 2 und 3). In der

Leistungsbeschreibung (Anhang 1) sollte der Auftragnehmer auf die Anforderungen des Auftraggebers eingehen, die dieser aus seinem Lastenheft entnommen hat (Abschnitt 5.2). Über dieses Produkt und die Aufnahme im Angebot finden die Anforderungen ihren Weg in die Vertragsunterlagen und daraufhin in das Pflichtenheft (siehe Abschnitt 5.3.3).

Die Angebotsphase ist abgeschlossen, wenn Auftraggeber und Auftragnehmer sich in Form eines *Vertrags* geeinigt haben. Der Vertrag wird in Verantwortung des Auftraggebers erstellt und ist für den Auftragnehmer somit ein externes Produkt ⇒ *(von AG)*, siehe Abb. 5.6).

### 5.3.2 Optionen der Projektorganisation

Nachdem der Vertrag geschlossen wurde, beginnt die eigentliche Systementwicklung. Das V-Modell sieht für den Auftragnehmer zwei prinzipielle Vorgehensweisen vor:

- Entwicklung, Weiterentwicklung oder Migration
- Wartung und Pflege von Systemen

Diese Projekttypvarianten stellen einen Grundstock dar und adressieren mit ihren jeweiligen Entwicklungsstrategien die wesentlichen Verfahren für die Systementwicklung (siehe Kapitel 1.2.3 und 3.3.1). Sie sind untereinander kombinierbar und unterstützen jeweils die Vergabe von Unteraufträgen sowie den Einkauf von Fertigprodukten.

### 5.3.3 Systementwicklung mit dem V-Modell XT

Die Systementwicklung ist die eigentliche Aufgabe des Auftragnehmers. Aufgrund ihrer Mannigfaltigkeit und vieler verschiedener Optionen würde eine erschöpfende Betrachtung den Rahmen dieses Buches sprengen. Wir konzentrieren uns daher darauf, einige wichtige Kernkonzepte einzuführen und zu erläutern.

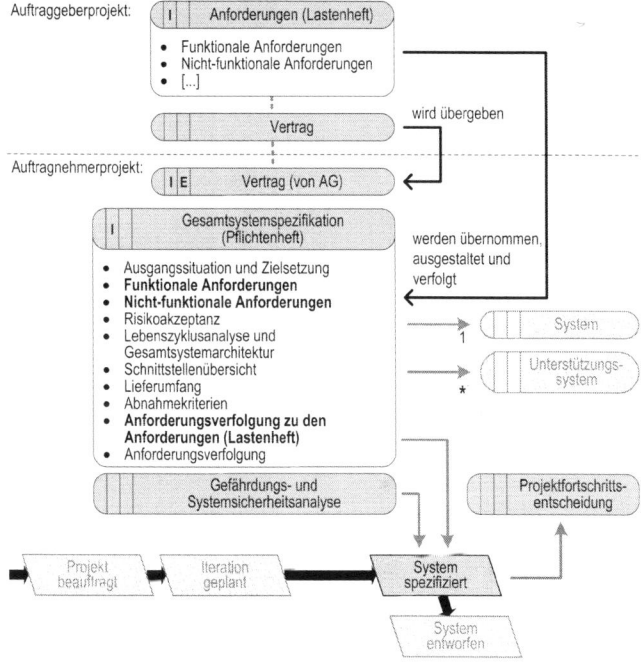

**Abb. 5.7:** Zusammenhang von Lastenheft und Pflichtenheft

Das wichtigste Konzept, das vom V-Modell-Anwender verstanden sein muss, ist der Weg von Anforderungen zur Systemrealisierung. Dabei ist es wichtig zu verstehen, wie die Anforderungen vom Auftraggeber zum Auftragnehmer gelangen und weiterhin, wie sich aus diesen Anforderungen schlussendlich Spezifikationen, Systeme, Teilsysteme oder Komponenten ableiten.

Abb. 5.7 verdeutlicht den erstgenannten Aspekt. Wie in Abschnitt 5.2 erläutert, ist es die Aufgabe des Auftraggebers, in seinem Projekt die Anforderungen zu formulieren und in einer Ausschreibung bekanntzugeben. Die Ausschreibung als externes Produkt enthält die Anforderungen, die im Produkt *Gesamtsystemspezifikation (Pflichtenheft)* aufgenommen werden. Diese Anforderungen sind der Aufhänger für den gesamten Systementwurf. Sie sollen weiterhin stets in Beziehung zu den ursprünglichen Anforderungen vom Auftraggeber bleiben, um nachvollziehen zu können, warum ein bestimmtes Systemelement überhaupt erstellt wurde (Anforderungsverfolgung).

**Das Systemmodell.** Das Produkt Pflichtenheft wird zum Entscheidungspunkt *System spezifiziert* erstellt. Aus den Inhalten des Pflichtenhefts werden Anforderungen und Schnittstellen von *genau* einem System und beliebig vielen Unterstützungssystemen hergeleitet. In Abb. 5.8 ist das System herausgehoben und weiter aufgeschlüsselt. Die Abbidung zeigt die dem V-Modell zugrunde liegende Idee der *hierarchischen Dekomposition* eines Systems. Im rechten Teil der Abbildung sind die Produkte des V-Modells zu sehen. Im linken Teil jeweils kleine Beispiele. Nach diesem Muster strukturiert sich ein System wie in Tabelle 5.1 aufgeführt.

Segmente und das System sind prinzipiell heterogen und können Hardware und Software miteinander kombinieren. Ab der *Einheiten*-Ebene werden immer nur *HW*-, *SW*- oder so genannte *externe Einheiten* betrachtet, die dann

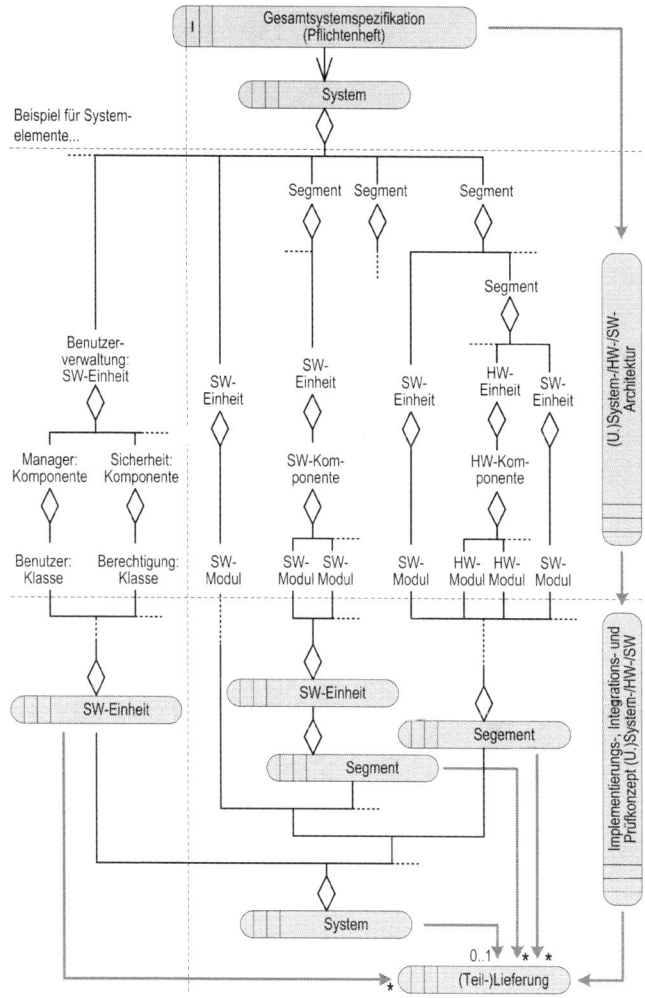

**Abb. 5.8:** Systementwicklung mit dem V-Modell XT (vereinfachter Prozess)

| Ganzes | besteht aus… |
| --- | --- |
| System | Segementen und/oder Einheiten |
| Segment | Segementen und/oder Einheiten |
| Einheit | Komponenten und/oder Modulen |
| Komponente | Komponenten und/oder Modulen |
| Modul | atomares Element im Systemmodell |

**Tabelle 5.1:** Elemente der Systemstruktur des V-Modell XT

Hardware und/oder Software enthalten können. Auch für Komponenten und Module gilt, dass es sich entweder um Hardware- oder Softwareelemente handelt. Ist ein Modul/eine Einheit als *extern* identifiziert, ist auch diese wiederum entweder Hard- oder Software.

**Hinweis:** Die Systemstruktur des V-Modell XT ist gewöhnungsbedürftig und sollte zuerst mit den in einer Organisation üblichen Architekturvorstellungen abgeglichen werden, um Missverständnisse mit den Auftraggebern zu vermeiden.

**Zerlegung und Integration.** Die hierarchische Dekomposition, also die Zerlegung eines komplexen Gesamtsystems in beherrschbare, kleinere Teilsysteme wird in verschiedenen Architekturdokumenten vorgenommen. Die entsprechenden Produkte (z. B. *SW-Architektur*) sind im V-Modell hinterlegt. Die Motivation zur Erstellung findet auf der Basis des Pflichtenhefts statt. Für jedes identifizierte Teilsystem sollte eine entsprechende Architektur vorliegen und dokumentiert sein. Je nach Systemgröße und Art können hier selbstverständlich verschiedene Repräsentationen (z. B. Modelle, Dokumente etc.) auftreten. Aus den Architekturen leiten sich *Implementierungs-, Integrations- und Prüfkonzepte* her (IIPK, siehe Kapitel 4). Regeln die Architekturdokumente die Zerlegung eines Systems, so regeln die IIPKs dessen Integration. Die Integration findet schrittweise statt, und zwar durch die Hierarchieebenen hindurch, die während der Zerlegung identifiziert wurden.

**Hinweis:** Es ist vor allem wichtig, dass es eine Systemarchitektur gibt. Architekturen für Einheiten sind nur dann erforderlich wenn es sich um komplexe Teilsysteme handelt. Ansonsten ist die Zerlegung vollständig in der Systemarchitektur beschrieben.

**Systemmodell und Abläufe.**    Eine weitere wichtige Eigenschaft des Systemmodells ist dessen Abstimmung mit den Projektdurchführungsstrategien. Die Hierarchieebenen des Systemmodells finden sich im „V" wieder. Ausgangspunkt ist wieder das Pflichtenheft, das zum Entscheidungspunkt *System spezifiziert* erstellt werden muss. Dieses Produkt spezifziert das *System* (siehe Abb. 5.8). Die Zerlegung führt, wie im letzten Abschnitt erläutert, zu einer Architektur (und entsprechenden Produkten), die im Entscheidungspunkt *System entworfen* vorgelegt werden muss. Im Entscheidungspunkt *Feinentwurf abgeschlossen* liegen dann irgendwann Elemente von der Größenordnung von Modulen vor.

### 5.3.4 Lieferungen und Projektfortschritt

Im Rahmen der Systementwicklung bereitet der Auftragnehmer eine oder mehrere Lieferungen vor. Die Lieferungen werden zum Entscheidungspunkt *Lieferung durchgeführt* vorbereitet, zusammengestellt und an den Auftraggeber übersandt (siehe Abb. 5.3). Art, Umfang und Häufigkeit der Lieferungen werden in den Vertragsunterlagen

geregelt. Für eine Lieferung wird durch den Auftraggeber
eine Abnahme erklärt.

## 5.4 Das AG-/AN-Projekt

Neben reinen Auftraggeber- und reinen Auftragnehmerprojekten enthält das V-Modell auch den Projekttyp *Auf-
traggeber/Auftragnehmer* (AG/AN).

### 5.4.1 Unterschiede und Besonderheiten

Der integrierte Projekttyp repräsentiert Szenarien, in denen Auftraggeber und Auftragnehmer organsatorisch ein
gemeinsames Projekt haben. Ein Beispiel hierfür lässt sich
in Unternehmen finden, die sowohl Fachabteilungen als
auch interne Entwicklungsabteilungen haben. Anders als
in den streng getrennten Projekttypen findet im AG/AN-
Projekt keine Ausschreibung und auch keine formale Beauftragung statt. Das heißt, dass die üblichen AN-Ent-
scheidungspunkte *Angebot abgegeben* und *Projekt beauftragt* nicht zur Verfügung stehen. Dafür kommt die Festlegung von Anforderungen als Disziplin und somit der Entscheidungspunkt *Anforderungen festgelegt* hinzu. Die Unterschiede spiegeln sich auch in den Vorgehensbausteinen
wider (siehe Kapitel 1) und auch in den jeweiligen Produkten.

### 5.4.2 Systementwicklung ohne Verträge

Die Systementwicklung verläuft auch ohne ein explizi-
tes Angebots- und Vertragswesen analog zum reinen Auftragnehmerprojekt (Abschnitt 5.3). Durch das Hinzukom-

men der Anforderungsfestlegung steht auch im *internen Entwicklungsprojekt* ein Lastenheft bereit. Durch die Systementwicklungsanteile des Auftragnehmerprojekts steht das Pflichtenheft als Startpunkt ebenfalls zur Verfügung. Somit ist auch im AG/AN-Projekt der in Abb. 5.7 gezeigte Pfad von den Anforderungen (Lastenheft) über Spezifikationen (Pflichtenheft) zum System offen.

**Fach- und IT-Abteilung.**     Die Systementwicklung verläuft also analog, auch mit denselben Produkten. Lediglich die Ausschreibung als Kommunikationsmittel entfällt. Anforderungen werden von einer Fachabteilung (mithilfe der Entwicklungsabteilung) erfasst und strukturiert. Im Anschluss werden sie direkt in Spezifikationen überführt, womit die eigentliche Entwicklung beginnt.

---

Tipp:

> Für interne Projekte müssen Anforderungen erfasst werden, jedoch wird es schwierig sein, eine Fachabteilung zum Erstellen eines umfangreichen Lastenhefts zu bewegen. Sie sollten daher von Anfang an das Pflichtenheft als zentrales Anforderungsdokument priorisieren. Im Gegenzug muss die Fachabteilung aber dem V-Modell genügende Anforderungen erstellen, z. B. in Form von Formblättern, Tabellen oder Datenbanken

---

Hier ist also Kreativität gefragt, da interne Projekte gegenüber dem Paar AG- und AN-Projekt Aufwandsvorteile bieten sollen. In jedem Fall ist eine enge Abstimmung mit entsprechenden Rückkopplungen erforderlich. Das Zusammenlegen der beiden Entscheidungspunkte *Anforderungen festgelegt* und *System spezifiziert* ist ein möglicher Weg hierzu.

**Kleine Projekte.** Dieser Projekttyp ist ebenfalls dazu geeignet, kleine und Kleinstprojekte durchzuführen. In vielen Unternehmen gibt es Phasen, in denen Mitarbeiter nicht in Projekten eingebunden sind. Oftmals werden sie dann für kurzzeitige, interne Entwicklungen herangezogen, z. B. um Komponenten für firmeninterne Lösungen zu erstellen oder zu pflegen. Durch den Verzicht auf Vertragsfragen ist der AG/AN-Projekttyp gut für solche Vorhaben geeignet.

Auch hier gilt, dass das V-Modell weitreichende Anpassungen ermöglicht. Es sollte daher in solchen Konstellationen entsprechende Regelungen und entwicklungsorientierte Anpassungen des V-Modells geben (vgl. Kapitel 2.4).

**Multi-Projektorganisation.** Anders als beim reinen AG-Projekt ist für den AG/AN-Projekttyp keine Multi-Projektorganisation vorgesehen. Eine entsprechende Einbettung ist auch nicht ohne Weiteres möglich. Für den Fall, dass Sie viele parallele Projekte betreuen müssen, sollten Sie auf AN-Projekte mit einem entsprechenden integrativen AG-Projekt zurückgreifen oder eine Anpassung des V-Modell in Betracht ziehen.

**Hinweis:** Beachten Sie, dass das Multiprojektmanagement des V-Modells nicht mit einem *Program Management*, also der Verwaltung aller Projekte z. B. einer Abteilung zu verwechseln ist. Der Fokus liegt im Standard auf großen Projekten, die in viele Teilprojekte zerfallen können. Für einen Anwendungsfall im Sinne des Program Management ist in jedem Fall eine organisationsspezifische Anpassung des V-Modells erforderlich.

# Literaturverzeichnis

[1] *DIN EN ISO 9000 Qualitätsmanagementsysteme - Grundlagen und Begriffe.* Deutsches Institut für Normung e.V., 12/2000.

[2] URL `http://www.kbst.bund.de`.

[3] *SAGA - Standards und Architekturen für E-Government-Anwendungen.* Bundesministerium des Innern, 2008.

[4] *UfAB IV - Unterlage für die Ausschreibung und Bewertung von IT-Leistungen.* Bundesministerium des Innern, 2006.

[5] W. Dröschel und M. Wiemers. *Das V-Modell 97: Der Standard für die Entwicklung von IT-Systemen mit Anleitung für den Praxiseinsatz.* Oldenbourg, 1999.

[6] P. T. Köhler. *ITIL. Das IT-Servicemanagement Framework.* Springer Verlag, 2005.

[7] M. Kuhrmann, T. Ternité und J. Friedrich. *Das V-Modell XT anpassen.* Springer, 2009.

[8] P. Mangold. *IT-Projektmanagement kompakt.* Spektrum Akademischer Verlag, 2002.

[9] E. Motzel. *Projektmanagement-Lexikon: Begriffe der Projektwirtschaft von ABC-Analyse bis Zwei-Faktoren-Theorie.* Wiley-VCH, 2006.

[10] P. Röthig. Wibe 4.1. Publikation der KBSt Band 92, Bundesministerium des Innern, 2007.

[11] H. Trauboth. *Software-Qualitätssicherung: konstruktive und analytische Maßnahmen*. Oldenbourg, 1996.

# Index